Thomas Johne

Dialoginstrument Mailing
Grundlagen - Instrumente - Erfolgsfaktoren

Thomas Johne

Dialoginstrument Mailing

Grundlagen - Instrumente - Erfolgsfaktoren

Schriftenreihe: Marketing für den Mittelstand
Band 3

Ihr Zusatznutzen

Zum Buch gibt es für Sie die Möglichkeit einer exklusiven und **kostenlosen** Werbebrief-Analyse durch den Autor - **per E- Mail**:

- Analyse eines Werbebriefs aus Ihrem Unternehmen
- Unterstützung bei der textlichen Gestaltung eines Werbebriefs

Bitte senden Ihren Werbebrief bzw. Ihren Entwurf und das Kennwort per E-Mail an:

- Thomas Johne
- E-Mail: **kommamedien @ t-online. de**

Ihr Kennwort für die Werbebrief-Analyse lautet: **Response**

© 2005 Alle Rechte vorbehalten
RKW - Verlag

Düsseldorfer Straße 40
65760 Eschborn

RKW-Nr. 1492
ISBN 3-89644-239-2

Layout: RKW, Eschborn
Druck: Druck Partner Rübelmann, Hemsbach

Inhaltsverzeichnis

Vorwort		7
1	**Das Mailing im Marketing-Mix**	**9**
1.1	Die Bedeutung des Dialoginstruments Mailing	9
1.2	Was ist ein Mailing?	12
1.3	Einsatzmöglichkeiten des Mailings	13
2	**Vorbereitung ist alles: So planen Sie Ihr Mailing**	**17**
2.1	Was Sie bei Ihrem Mailing vermeiden sollten	17
2.2	Die zentralen Schritte bei der Mailing-Planung	19
2.2.1	Die richtige Zielgruppe: Wer soll angesprochen werden?	19
2.2.1.1	Adressenlieferanten, die Besonderheiten und eigene Adressenrecherchen	21
2.2.2	Die Aktionsziele: Was wollen Sie mit Ihrem Mailing erreichen?	29
2.2.3	Das Angebot: Was wollen Sie Ihrer Zielgruppe mitteilen?	30
2.2.4	Das Mailing: Welches Konzept und welche Gestaltungsidee sollen gewählt werden - und wie sieht die Erfolgsrechnung aus?	31
3	**Die Mailing-Teile: Umsetzung und visuelle Gestaltung**	**38**
3.1	Der Werbebrief: Grundlagen und Konzepte für den Erfolg	38
3.1.1	Blickverlauf - Handlungsmotive - Nutzenargumentation	39
3.1.2	Die Dramaturgie eines Werbebriefs	43
3.1.3	So entwickeln Sie verkaufswirksame Texte	51
3.2	Die Versandhülle: Erfolgsfaktor Neutralität	57
3.3	Die Werbeantwort: Das große „Ja" ist das Ziel	58
3.4	Der Prospekt: Informationen schnell und knapp	62
3.5	Gut beraten mit Dienstleistungsunternehmen: Direktmarketing-Beratung/Deutsche Post - Lettershops	67

4	Nachfassaktionen: Schriftlich oder telefonisch?	71
5	**Neue Wege zur Kundenbindung: Dialog pur mit E-Mailings**	**76**
5.1	Worauf Sie bei E-Mailings achten sollten	78
5.1.1	Permission-Marketing statt Adressenkauf	78
5.1.2	E-Mailings verkaufswirksam gestalten	80

Verzeichnis wichtiger Fachbegriffe	84
Zum Autor	87

„ Das Mailing ist ein Verkäuferteam."

Malcolm Decker

Vorwort

In einem zunehmend härteren Wettbewerb werden Produkte und Dienstleistungen nicht nur ständig verbessert, sondern die Mitbewerber gleichen sich auch immer mehr einander an. Da ist es nur allzu verständlich, dass Kunden und Interessenten anspruchsvoller werden und differenzierter prüfen, warum sie sich beim Einkauf von Produkten und Dienstleistungen gerade für ein bestimmtes Unternehmen entscheiden sollen.

Dabei gewinnt der Dialog mit den Kunden für Unternehmen eine immer größere Bedeutung - effiziente und qualifizierte Kommunikationskanäle für eine individuelle Kundenansprache sind das Gebot der Stunde.

Im Rahmen des vielfältigen Spektrums der Direktmarketing-Instrumente steht das Mailing - trotz der erkennbaren Zuwächse bei den internetbasierten Werbeformen - unbestritten an der Spitze. Der Grund: Das Mailing zeichnet sich vor allem durch ganz spezielle Vorteile gegenüber anderen Werbeformen aus. Deswegen nutzen nicht nur große Konzerne dieses Dialoginstrument, sondern zunehmend auch kleine und mittlere Unternehmen, um Kunden zu binden und neue Kunden zu gewinnen.

Adressaten dieses Buches sind alle, die sich in einem Unternehmen mit der Planung und Umsetzung von Mailing-Aktivitäten befassen: Unternehmer, Geschäftsführer sowie Entscheidungsträger in den Bereichen Marketing und Vertrieb.

Der vorliegende Ratgeber gibt Ihnen einen Überblick über die verschiedenen Aspekte des Mailings: Von der Bedeutung im Marketing über eine effektive Mailing-Planung bis hin zur Optimierung der Mailing-Gestaltung - mit wertvollen Anregungen, wie Werbebriefe wirksam gestaltet und getextet werden.

Praxisbeispiele, Tipps, zahlreiche Checklisten sowie nützliche Adressen unterstützen Sie dabei, Ihre Mailing-Aktivitäten in Zukunft noch professioneller zu planen und durchzuführen.

Thomas Johne   Darmstadt, im April 2005

1 Das Mailing im Marketing-Mix

1.1 Die Bedeutung des Dialoginstruments Mailing

Absatzförderung, Kundenbindung und Neukundengewinnung sind immer wiederkehrende Herausforderungen im unternehmerischen Alltag - insbesondere vor dem Hintergrund eines wirtschaftlich schwierigen Umfelds. Eine Möglichkeit, diese Marketingziele zu erreichen, ist die Kundenansprache per Brief, das sogenannte Mailing. Auch im Zeitalter neuer elektronischer Dialogmöglichkeiten wie beispielsweise E-Mail und E-Commerce ist das klassische Mailing alles andere als überholt und bleibt ein zentrales Medium in der Kundenkommunikation.

Dies belegen regelmäßige Studien und Expertenbefragungen: So wendeten deutsche Unternehmen im Jahr 2002 ca. 21,5 Milliarden Euro für Direktwerbung auf. Ein Drittel davon (ca. 7,1 Milliarden Euro) fiel auf das Dialoginstrument Mailing.

Eine marktorientierte Grundlage als Erfolgsbasis

Wenn Sie die Möglichkeiten von Mailings ausschöpfen und den Dialog mit Interessenten und Kunden glaubwürdig gestalten wollen, müssen allerdings im Unternehmen einige Anforderungen erfüllt werden, damit die zielorientierte Umsetzung in der Praxis gelingt.

Im Folgenden sollen wichtige Hinweise und Leitgedanken die unternehmerischen Konsequenzen verdeutlichen, die sich aus dem Einsatz des Dialoginstruments Mailing ergeben. Voraussetzung ist eine marktorientierte Grundhaltung, die mit zentralen Aussagen umschrieben werden kann:

- Wir stellen den Kunden mit seinen Bedürfnissen in den Mittelpunkt unseres Denkens und Handelns.

- Wir werden uns mit seinen Problemen und Anliegen ernsthaft und professionell auseinandersetzen.

- Wir gestalten Marketing und Kommunikation auf eine Weise, dass sich der einzelne Kunde im Rahmen des Dialogs ernst genommen fühlt.

Wer individuelle Kundenwünsche nicht erfüllt, darf sich nicht wundern, wenn seine Mailing-Aktionen kontraproduktiv wirken: unzufriedene Kunden, die ihren Ärger weitertransportieren und anderen davon erzählen. Das Dialoginstrument Mailing setzt deshalb voraus, dass

- alle internen Stellen mit direktem und indirektem Kundenkontakt sowie die Marketingabteilung eng verzahnt und koordiniert zusammenarbeiten,
- alle kundenrelevanten Daten in einer Datenbank erfasst sind und laufend aktualisiert werden,
- ausreichend Ressourcen (Personal, Hard-, Software, Telefonlinien etc.) vorhanden sind, um Reaktionen von Kunden schnell und kompetent beantworten oder bearbeiten zu können.

Durch welche Faktoren eine marktorientierte Grundhaltung geprägt wird, die den Kunden mit all seinen Bedürfnissen und Wünschen nach mehr Aufmerksamkeit und mehr Individualität berücksichtigt, macht folgende Übersicht im Detail deutlich:

Abwendung von	Hinwendung zu
unbekannten potentiellen Käufern	bekannten potentiellen Käufern
kreativitätsgesteuerter Kommunikation	reaktionsorientiertem Dialog
Marktbearbeitung nach dem Gießkannenprinzip	jede Nische individuell bedienen
Werbemonolog	Kundendialog
Bedienung eines Massenmarktes	Beziehungsaufbau zum Kunden

Gute Gründe für das Mailing

In der Praxis zeigt sich, dass das Dialoginstrument Mailing heute in allen Branchen, Unternehmensgrößen und Vertriebsstufen zum Einsatz kommt. Denn: Mailing-Aktionen eignen sich für die kleine Modeboutique, die einige Dutzend Stammkunden zu einer Modenschau einladen möchte ebenso wie für den Handwerksbetrieb, der mit einem Mailing auf seinen neuen Newsletter aufmerksam macht oder für das mittelständische IT-Unternehmen, das seine neuentwickelten Softwareprodukte per Mailing verkauft.

Die maßgebliche Bedeutung des Mailings ergibt sich aus einer Reihe zentraler Vorteile, die insbesondere im Vergleich mit anderen Mediengattungen wie zum Beispiel Tageszeitungen, Außenwerbung, Fachzeitschriften etc. für sich sprechen.

Das Mailing

- ermöglicht eine detaillierte Festlegung der Zielgruppen,
- schließt somit eine Fehlstreuung weitestgehend aus,
- gestattet eine gezielte persönliche Ansprache und bietet die Möglichkeit für individuelle Kontakte,
- kann Angebote - unbeeinflusst durch redaktionelle Umfelder oder Konkurrenzangebote - kommunizieren,
- ermöglicht spontane Marketingaktivitäten, wie zum Beispiel Informationen über aktuelle Angebote,
- kann unmittelbare Produkterlebnisse vermitteln, zum Beispiel in Form von Warenproben,
- bietet unkomplizierte Reaktionsmöglichkeiten der Zielgruppen durch vorbereitete Antwortkarten oder Coupons,
- wirkt in der Regel dauerhaft wegen eines hohen Aufbewahrungswertes für die Zielpersonen,
- macht den Werbeerfolg plan- und kontrollierbar durch unmittelbare Resonanz auf das Angebot
- und ermöglicht damit die Optimierung zukünftiger Mailing-Aktivitäten.

Das Zauberwort heißt Werbemittelkombination

Grundsätzlich sollte das Mailing - wie die Anzeige, E-Mail-Marketing, Verkaufsförderungsmaßnahmen oder Öffentlichkeitsarbeit - ein wichtiger Bestandteil des ganzheitlichen Kommunikationskonzepts des Unternehmens sein.

Grundlage aller Maßnahmen im Rahmen des Kommunikations-Mix muss dabei eine Strategie sein, die sich aus dem Marketing-Mix entwickelt und die übergreifende Marketingzielsetzung berücksichtigt. Bild 1 verdeutlicht den Zusammenhang:

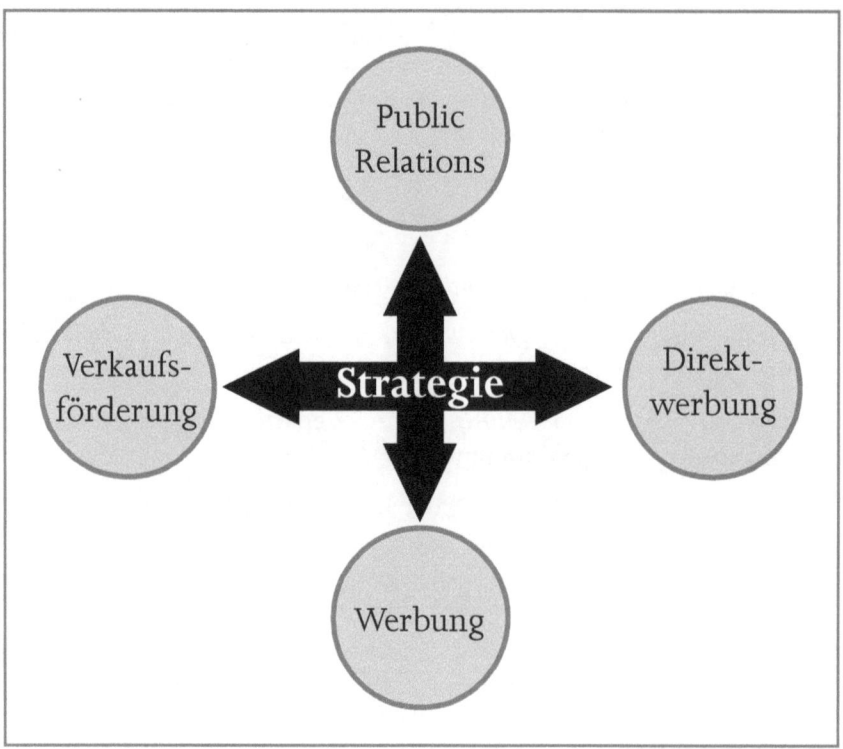

Bild 1: Der Kommunikations-Mix

Denn: Die Kunst besteht ja nicht darin, den Kunden irgendwie anzusprechen, sondern in einer intelligenten Schrittfolge und mit einer integrierten Kombination verschiedener Werbemittel auf das Angebot aufmerksam zu machen. Das kann im Idealfall bedeuten: Mit einer Anzeige in der Tages- oder Fachpresse wird ein breitangelegter Aufmerksamkeitshorizont aufgebaut, um dann denkbare neue und alte Kunden mit dem integrierten Einsatz von Mailings direkt und individuell anzusprechen - um auf diese Weise zum Beispiel den Außendienst zu unterstützen.

1.2   Was ist ein Mailing?

Unter dem Begriff Mailing werden im Direktmarketing alle Formen der Direktwerbung zusammengefasst, die per Post mit aufgedruckter Adresse des Empfängers in dessen Briefkasten gelangen. Im Vordergrund steht dabei die individuelle Kontaktaufnahme mit dem Adressaten, mit dem Ziel, eine Antwort - Response genannt - zu erhalten und auf diesem Weg einen Dialog aufzubauen.

Diese klassische Form der adressierten Werbesendung besteht mindestens aus vier Elementen:

Die Versandhülle

Sie stellt den ersten Kontakt mit dem Empfänger her und hat die Aufgabe, Interesse zu wecken.

Der Brief

Der Brief ist vergleichbar mit einem Verkaufsgespräch bei einem potentiellen Kunden. Im Vordergrund stehen hier das Aufzeigen von Problemlösungswegen, die Nutzenargumentation sowie die Erläuterung des Angebots.

Der Prospekt

Der Prospekt übernimmt die Funktion, das Angebot mit wichtigen Detailinformationen darzustellen.

Das Reaktionsmittel

Das Ziel des Mailings besteht darin, den Empfänger zu einer Reaktion zu veranlassen. Aus diesem Grund ist es von zentraler Bedeutung, dass das Mailing eine Antwortkarte oder einen Bestellschein enthält. Bei der Gestaltung des Reaktionsmittels sollte darauf geachtet werden, dass es für den Empfänger so einfach wie möglich auszufüllen ist, um die Reaktionschancen zu erhöhen.

1.3 Einsatzmöglichkeiten des Mailings

Nicht in jedem Fall muss der Kaufentschluss das Ziel einer Mailing-Aktion sein. Ebenso wichtig sind Beratung und Betreuung der Kunden sowie eine regelmäßige Kontaktpflege. Kommunikation in allen Ausprägungen und auf verschiedenen Ebenen bestimmt mit über den Marketingerfolg. Dementsprechend vielfältig sind die Einsatzmöglichkeiten eines Mailings.

Sie können mit einem Mailing zum Beispiel:

- Ihre Kundenkontakte pflegen und im Gespräch bleiben
- Kunden gewinnen - direkt verkaufen

- Ehemalige Kunden aktivieren
- Öffentlichkeitsarbeit betreiben

Im Gespräch bleiben

Für viele Unternehmen endet die Kundenpflege oft in dem Moment, wo ein Produkt verkauft wurde. Doch gerade für kleinere Unternehmen ist es wichtig, sich durch den persönlichen Dialog mit zufriedenen Stammkunden von den Angeboten größerer Mitbewerber abzuheben. Hier geht es in erster Linie nicht um das Ziel „Verkaufen", sondern um die Vermittlung des Gefühls, sich individuell um den Kunden zu kümmern und an seinen Bedürfnissen interessiert zu sein.

Praxisbeispiel:

Mit einer Karte - Motiv einer bebrillten Mohrrübe - lädt ein Optiker-Fachgeschäft 600 Kunden zum „ Möhrenfest " ein. Mit Karottensaft und kostenlosem Sehtest - in Anspielung auf die sehkraftstärkenden Kräfte, die Karotten nachgesagt werden.

Hintergrund: Die meisten Kunden suchen einen Optiker im Durchschnitt alle zwei Jahre auf - Kundenpflege ist daher das A und O.

Kunden gewinnen - direkt verkaufen

Für kleinere Unternehmen geht es vor allem dabei um den systematischen Aufbau einer individuellen Zielkundenliste, d.h. aus sogenannten „ kalten Adressen " Interessenten zu generieren und diese als (Stamm-) Kunden zu gewinnen.

Praxisbeispiel:

Ein Versandhändler für Büroartikel plant, seinen Katalog an die Zielgruppe Unternehmensgründer zu versenden. Aus branchenspezifischen Datenbanken, wie zum Beispiel der Online-Datenbank der Arbeitgemeinschaft Deutscher Technologie- und Gründerzentren, werden qualifizierte Adressen der in den Gründerzentren angesiedelten Unternehmen für eine Mailing-Kampagne.

Ehemalige Kunden aktivieren

Ihre eigene Kunden- und Interessentendatei ist Ihr wichtigster Schatz. Voraussetzung: Sie ist gut gepflegt, also frei von unzustellbaren oder erloschenen Adressen und beinhaltet aussagekräftige Informationen über Ihre Kunden, wie zum Beispiel den Geburtstag der Kunden oder den Jahrestag seines ersten Kaufes.

Ziel ist es, in erster Linie Ihren Kunden das Gefühl zu vermitteln, dass Sie sich ihrer Bedürfnisse ständig bewusst sind und sich um sie kümmern.

Praxisbeispiele:

Eine Kfz-Werkstatt macht allen Kunden, die seit einem halben Jahr keine Dienstleistung mehr in Anspruch genommen haben, ein Angebot für eine Winterinspektion.

Eine Fleischerei mit Catering-Service macht jeden Kunden, der einem runden Geburtstag entgegensieht, auf ein spezielles Angebot aufmerksam. Das Adressenmaterial, einschließlich der Daten zu den Geburtstagen, wurde vorher über ein Preisausschreiben generiert, bei dem es Gutscheine für Partyserviceleistungen zu gewinnen gab.

Öffentlichkeitsarbeit per Mailing

Ziel Ihrer Öffentlichkeitsarbeit muss es sein, Verständnis, Vertrauen und Sympathie für das Handeln Ihres Unternehmens aufzubauen und zu pflegen, und zwar über einen kontinuierlichen Dialog mit Ihren Zielgruppen - nur so ist eine positive Meinungsbildung zu erreichen. Nicht zuletzt stärkt dies die Überzeugung Ihrer Kunden, die richtige Kaufentscheidung getroffen zu haben und Wiederholungskäufe zu tätigen.

Ein guter Anlass für Öffentlichkeitsarbeit per Mailing und Pressemitteilungen sind Informationen über verantwortliches Handeln im Unternehmen.

Praxisbeispiel:

Ein Autohaus mit angeschlossenem Servicebetrieb informiert die Öffentlichkeit über den geplanten Bau einer Anlage zur Altölentsorgung und dokumentiert so umweltorientiertes Handeln, es organisiert aber auch eine Diskussionsveranstaltung, auf der Journalisten, Kunden und Anwohner kritische Fragen stellen können.

Neben der Information an die Presse werden Kunden und Nachbarn in einem Brief über dieses Vorhaben informiert und zu dieser Veranstaltung eingeladen. So verbindet sich das Mailing perfekt mit einer zielgerichteten Öffentlichkeitsarbeit.

Die Beispiele zeigen, dass gelungene Mailing-Maßnahmen nicht unbedingt etwas mit Massen-Mailings zu tun haben. Der Schlüssel zum Erfolg liegt vielmehr in der exakten Bestimmung der Zielgruppen und in einem maßgeschneiderten Angebot - ganz im Sinne eines qualitativen Zielgruppenmarketings.

2 Vorbereitung ist alles: So planen Sie Ihr Mailing

2.1 Was Sie bei Ihrem Mailing vermeiden sollten

Um bei der Planung und Durchführung Ihres Mailings angemessene Schritte zu entwickeln, ist es hilfreich, sich vorab bewusst zu machen, welche Stolpersteine den Mailing-Erfolg in der Praxis behindern können:

- Fehlende persönliche Ansprache

  Aufgrund mangelhafter Adressenqualität oder aus Kostengründen werden Mailings ohne Namen einer Kontaktperson und ohne Abteilungsangabe versandt.

  Die Folge: Derartige Mailings landen nicht auf dem Schreibtisch Ihrer Zielperson, sondern wandern - da nicht eindeutig zuzuordnen - ungelesen in den Papierkorb und verschlechtern somit den Erfolg Ihrer Aktion deutlich.

- Streuverluste durch ungenaue Zielgruppenauswahl

  Bleibt der Erfolg aus, liegt es nicht immer an der Adressenqualität, sondern auch an der oberflächlich durchgeführten Auswahl der Zielgruppen.

  Dies wird deutlich am Beispiel eines Sportartikelherstellers, der seine Angebote an den Fachhandel und die Warenhäuser richtete. Ein Problem wurde nicht erkannt: Filialbetriebe waren mit großen Stückzahlen in der Mailing-Zielgruppe enthalten. Sie bestellen in der Regel jedoch nicht direkt, sondern über ihre Zentralen.

- Falsche, unvollständige Adressierung und Dupletten durch mangelhafte Datenerfassung

  „Der erste Eindruck zählt" - diese Erkenntnis gilt nicht nur für den persönlichen Kontakt, sondern auch für den schriftlichen Erstkontakt. Dessen ungeachtet scheint das Thema Adressenerfassung und Datenpflege nur all zu oft wenig Priorität zu genießen. In der Praxis zeigt sich häufig, dass ein Großteil der Kunden- und Interessentenadressen in den Unternehmen unvollständig (zum Beispiel Bosch statt Robert Bosch GmbH), unpersonalisiert (zum Beispiel P. Maier statt Herr Peter Maier) sowie fehlerhaft (falsche Namens,- Straßen-, Ortsschreibweisen) sind. Das liegt häufig daran, dass den für die Datenerfassung zuständigen

Mitarbeitern eine Tatsache nicht bewusst ist: Nur ein qualifizierter, sorgfältig gepflegter Adressenstamm bietet überhaupt eine Chance für einen positiven Response auf ein Mailing.

- Fehlendes Antwort-/Reaktionsmedium

  Häufig bringen Mailings kaum Anfragen, weil daraus nicht ersichtlich wird, wie Zielkunden reagieren sollen. Meistens fehlt also ein wichtiges Element - das Antwortmedium - um eine spontane Reaktion auszulösen. Das führt dann in der Regel dazu, dass der Brief gleich in den Papierkorb wandert. Oder der Empfänger legt ihn zur Seite, mit der Absicht, sich später damit zu beschäftigen - so werden Chancen auf einen positiven Response vertan.

- Keine Nutzenargumentation im Brieftext

  Mit dem Angebot soll dem Kunden geholfen werden, ein Problem zu lösen oder ein Ziel zu erreichen. Dieses Nutzenversprechen wird in der Praxis viel zu wenig kommuniziert. Nur wenn es gelingt, innerhalb von wenigen Sekunden einen konkreten Nutzen für die Zielkunden erkennbar zu machen, wird die Ablage des Mailings im Papierkorb verhindert. Mit allgemeinen Aussagen wie zum Beispiel „Wir haben noch Kapazitäten frei" bleibt der Mailing-Erfolg in der Regel aus.

- Fehlende Organisation der Nachbereitung

  Mißerfolge bei Mailing-Aktionen werden nicht nur durch geringe Reaktionsquoten verursacht, sondern häufig auch durch eine unsystematische Bearbeitung der gewonnenen Interessenten. Das erfolgreichste Mailing nützt nichts, wenn zum Beispiel die angegebenen Telefonnummern nicht besetzt sind. Ähnliches gilt für die Abwicklung schriftlicher Reaktionen auf ein Mailing. Der Versand der angeforderten Unterlagen muss schnell und kompetent geschehen - sonst bleiben Negativwirkungen nicht aus: Enttäuschte oder gar verärgerte Interessenten beeinflussen die Erfolge zukünftiger Aktionen und sind unter Umständen für immer verloren.

2.2 Die zentralen Schritte bei der Mailing-Planung

Kaum jemand käme auf die Idee, beim Bau eines Hauses mit dem Dach zu beginnen. Ähnlich verhält es sich bei der Planung und Durchführung von Mailing-Aktionen. Auch hier stellt sich der Erfolg nur dann ein, wenn Sie die Aktion Schritt für Schritt sorgfältig planen.

Die Grundlage bildet ein aus vier Schritten bestehendes Konzept:.

Schritt 1:
- Die Zielgruppen bestimmen und Adressen beschaffen.

Schritt 2:
- Die Ziele formulieren.

Schritt 3:
- Das Angebot festlegen.

Schritt 4:
- Das Konzept für die Mailing-Teile und die Gestaltungsidee entwickeln sowie den Erfolg abschätzen.

Die einzelnen Planungsschritte werden in den folgenden Abschritten näher beschrieben.

2.2.1 Die richtige Zielgruppe: Wer soll angesprochen werden?

Schritt 1:

Bei der Planung jeder Mailing-Aktion ist die Auswahl der Zielgruppe der erste und entscheidende Schritt. Die Zielgruppe legt alles fest - den Text und die Gestaltung des Werbebriefs und der Mailing-Teile sowie die Aufmachung des Umschlags.

Folgende Fragestellungen sollten bei der Zielgruppenauswahl im Mittelpunkt Ihrer Überlegungen stehen:

- Was soll mit dem Mailing angeboten werden (Produkt , Dienstleistung, Präsentation, Beratungstermin)?
- Wer braucht dieses Produkt oder diese Dienstleistung?
- Wer könnte es noch gebrauchen?

- Was bietet die Konkurrenz?
- Welchen Nutzen/Mehrwert kann dem Adressaten des Mailings geboten werden?

Praxisbeispiel:

Ein Versandhändler für Büroartikel beliefert überwiegend große Unternehmen aus allen Branchen. Im Rahmen der Gewinnung von Neukunden ergibt sich folgende Analyse:

- Auch junge Unternehmen brauchen eine Erstausstattung bei Büroartikeln und haben danach einen kontinuierlichen Bedarf. Die Mitbewerber entdecken dieses Marktsegment erst zögerlich und nur mit ausgewählten Produkten.

Hier bietet sich für den Versandhändler die Chance, eine Marktnische zu besetzen - mit einem speziellen „Erstausstattungspaket" für junge Unternehmen und der Möglichkeit bei Bestellungen über das Internet, attraktive Rabatte anzubieten.

Bei der Zielgruppenrecherche kommt der Versandhändler zu folgendem Ergebnis:

- Aus der nach Bundesländern geordneten Online-Datenbank der Arbeitsgemeinschaft Deutscher Technologie-und Gründerzentren wird das Profil eines typischen jungen Unternehmens deutlich. Gleichzeitig können dort die qualifizierten Adressen, die der Versandhändler für sein Mailing benötigt, optimal generiert werden.

Für andere Produktbereiche und Märkte definiert sich die Zielgruppe zum Beispiel anhand von Merkmalen wie Alter, Sozialstatus oder Wohnlage.

Leute, die in einem Hochhaus wohnen, haben in der Regel keinen Bedarf an Rasenmähern. So könnte im Fall des Verkaufs von Rasenmähern folgendes Kundenprofil entstehen:

- Besitzer von Ein-und Zweifamilienhäusern
- zwischen 45 und 60 Jahre alt
- selbständig, gehobene Angestelltenposition
- im Postleitzahlengebiet des Händlerstandorts

Andere Segmentierungskriterien können das Einzugsgebiet sowie die Unternehmensgröße sein.

Zum Beispiel kann die Zielgruppenanalyse für ein Tagungshotel folgendes Kundenprofil ergeben:

- mittlere Unternehmen mit mindestens 500 Mitarbeitern
- führen Konferenzen und Seminare durch
- Standort im Großraum Rhein-Main
- zusätzliche Zielgruppe: Seminaranbieter aus Hessen

> **Tipp:**
> Achten Sie auf eine klare und eindeutige Zielgruppendefinition. Diese Strategie hat nur Vorteile:
>
> - Klarheit und Eindeutigkeit vereinfachen das Recherchieren und Erkennen geeigneter Interessenten innerhalb der Kernzielgruppe,
> - mit einer spezifischen Definition werden die Interessenten treffsicher angesprochen,
> - darüber hinaus wird das Mailing-Budget geschont, weil eine qualitative Zielkundenansprache keine flächendeckenden Mailing-Maßnahmen notwendig macht.

2.2.1.1 Adressenlieferanten, die Besonderheiten und eigene Adressenrecherchen

Das A und O jeder erfolgreichen Mailing-Aktion sind die Adressen und deren richtiger Einsatz. Ein Werbebrief mit falscher Anschrift kommt nicht an, eine fehlerhafte Adresse löst von vornherein eine negative Reaktion beim Empfänger aus.

Die permanente Überprüfung eigener Dateien lohnt sich um so mehr, je länger sie nicht eingesetzt werden. Nur so können Sie Streuverluste vermeiden sowie Porto- und Mailing-Kosten reduzieren. Planen Sie, auf Fremdadressen aus anderen Quellen zurückzugreifen, gilt es eine Menge Phantasie zu entwickeln, um diejenigen Adressen zu selektieren, die in ihrem Profil den eigenen Kunden am nächsten kommen.

Woher kommen die Adressen?

Nachdem Sie Ihre Zielgruppen definiert haben, gehören zum ersten Planungsschritt natürlich auch Überlegungen, wie Sie an Adressen für Ihr Mailing kommen.

Dies sind erfolgversprechende Quellen bei der gezielten Suche nach Interessenten aus Ihren Zielkundenkreis:

Die eigene Adressendatei nutzen

Für kleinere und mittlere Unternehmen geht es vor allem um den systematischen Aufbau einer individuellen Zielkundenliste mit unterschiedlich segmentierten Zielgruppen: Interessenten, Erstkäufer, Folgekäufer, Mehrfachkäufer.

Eigene Kunden sind aus verschiedenen Gründen die ideale Zielgruppe. Zum Beispiel, weil

- Ihr Angebot dort auf größeres Interesse stößt - schließlich sind Sie als Geschäftspartner bereits bekannt.
- Ihr Angebot dort einen Vertrauensbonus genießt - unter der Voraussetzung, dass Ihre Kunden beim letzten Kauf zufrieden waren.

In der Praxis zeigt sich immer wieder, dass die Kundendatei in vielen Unternehmen ihren Namen nicht verdient. Trotz Computerzeitalter werden Kundenadressen häufig noch auf Karteikarten angelegt und enthalten nur wenige Angaben über die jeweiligen Kundenprofile. Wenn Sie ernsthaft vorhaben, das Dialoginstrument Mailing professionell zu nutzen, sollten Sie mit dieser Art der Kundenerfassung Schluss machen. Denn die Entwicklung einer strukturierten Datenbank hat nur Vorteile.

Sie ermöglicht Ihnen:

- mehr zu wissen über potentielle Kunden, deren Bedürfnisse oft mit den Bedürfnissen Ihrer bestehenden Kunden übereinstimmen,
- mehr unternehmen zu können, um aus solchen potentiellen Kunden echte Kunden und aus diesen dann in der Folge Stammkunden zu machen,
- mehr tun zu können, um Ihre Stammkunden besonders aufmerksam zu pflegen und langfristig an Ihr Unternehmen zu binden,

- mehr zu verkaufen, indem Sie die individuellen Bedürfnisse von Interessenten und Kunden identifizieren und befriedigen.

Praxisbeispiel:

Das Reisebüro „ Nix wie weg" ist als Spezialist für attraktive und preislich interessante Erlebnisreisen nach Asien und Australien bekannt.

Dank regelmäßiger Präsenz auf Tourismusmessen, dank erfolgreicher Durchführung von Diavorträgen und Informationsveranstaltungen sowie einem spannenden Internetauftritt gewinnt das Reisebüro jedes Jahr 500 neue Interessenten.

Jede Kontaktadresse wird systematisch in der eigenen Datenbank erfasst und gepflegt.

So ist es möglich, einen zielgruppenorientierten Dialog mit den Teilzielgruppen (Interessenten, Kunden, Medienvertretern, Messeveranstaltern) zu pflegen.

Das Reisebüro definiert folgende Zielgruppen für ein Mailing zu einem neuen Australien-Angebot:

- Interessenten, die zu neuen Kunden gemacht werden sollen (Adressen sind schon in der Datenbank vorhanden),
- Australien-Reisende, die zu einer erneuten Buchung motiviert werden sollen,
- Asien-Reisende, denen Australien als interessante Alternative angeboten werden soll.

Tipp:

Am besten, Sie bauen Ihre Adressendatei elektronisch auf. Denn dann können Sie Ihre Kundendatei allen Mitarbeitern im Unternehmen zugänglich machen, die mit Kunden zu tun haben – und Sie können die Datei direkt für Serienbriefe einsetzen.

Für alle Adressendateien gilt, dass Sie neben den Angaben, die Sie für einen Mailing-Brief benötigen, zusätzliche Informationen speichern sollten. Das hängt natürlich von Ihrem Unternehmen ab und kann von den Hobbys Ihres

Anprechpartners bis zu Auftragsdetails gehen. Diese Informationen können Sie dann für Ihre verschiedenen Mailing-Aktionen zur Kundenpflege nutzen. Eine strukturierte Kundendatei (Bereich Unternehmenskunden) sollte folgende Angaben enthalten:

- Vorname/Name
- Funktion
- Vorname/Name - Sekretärin
- Adresse
- P L Z / Ort
- Telefon/Fax/ E-Mail/ Homepage
- Produkte/Dienstleistungen
- Anzahl Mitarbeiter
- Jahresumsatz
- Gründungsjahr
- Unternehmensphilosophie - Kurzform
- eventuell private Interessen des Ansprechpartners
- Wie ist der Kontakt zustande gekommen?
- Welche Marketingunterlagen wurden überreicht?
- Status/Interessent - Kunde - Stammkunde

Adressen von professionellen Adressenverlagen

Natürlich ist der eigene gepflegte Adressenbestand für Ihre Mailings am besten geeignet. Nun kann man die eigenen Kunden und Interessenten nicht beliebig oft anschreiben. Wenn Sie alle zwei Wochen ein Mailing an die gleichen Adressaten schicken, führt das eher zu ärgerlichen Reaktionen. Wenn es aber gilt, den Umsatz zu erhöhen, Marktanteile auszubauen oder neue Interessenten und Kunden aus anderen Regionen zu gewinnen, müssen fremde Adressen beschafft und eingesetzt werden.

Die Adressenanbieter halten hierzu ein umfangreiches und in der Regel qualitativ hochwertiges Adressenpotential bereit. Dabei wird grundsätzlich zwischen sogenannten Business- und Consumer-Adressen unterschieden.

Die Business-Adresse besteht in der Regel aus: Firmenname, Straße und Hausnummer, Postleitzahl und Ort. Interessant für Mailing-Zwecke wird es dann bei weiteren qualifizierten Zusatzinformationen: Name des Ansprechpartners/ Entscheiders nach Funktion und Hierarchie, Unternehmensgröße, Umsatz, geschäftliche Tätigkeit.

Bild 2 macht die Möglichkeiten individueller Ansprache durch qualifizierte Adressen deutlich:

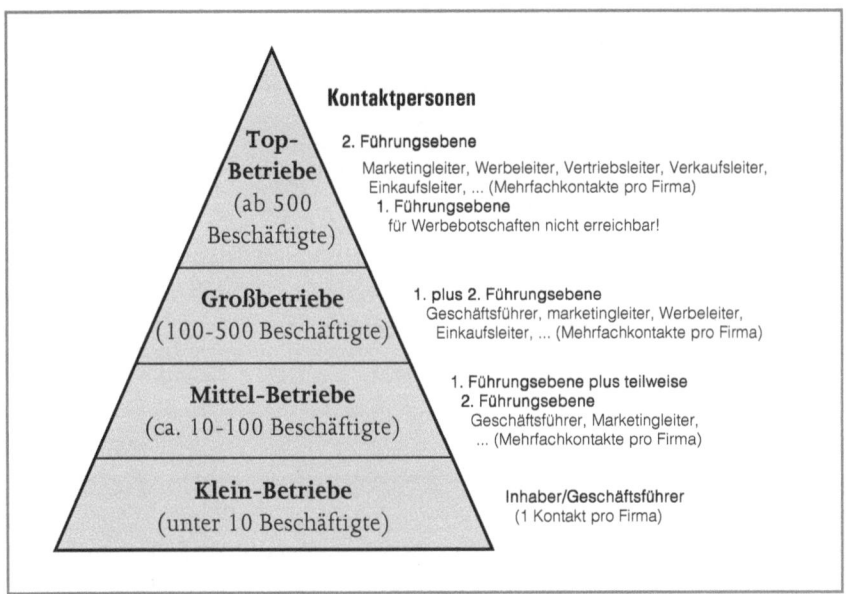

Bild 2: Eine sorgfältige Adressenauswahl ermöglicht auch eine individuelle Ansprache an unterschiedliche Entscheider.

Orientierung durch Adressenkataloge

Alle führenden Anbieter geben Adressenkataloge heraus, in denen sämtliche Adressenkollektionen aufgeführt werden; alternativ wird das Angebot auch auf CD-ROM oder per Internet angeboten. Die Basis des Katalogs bildet ein alphabetisch nach Branchen aufbereiteter Adressenteil. Der Trend zu einer immer genaueren Zielgruppenansprache hat dazu geführt, dass Firmenadressen in mehr als 10.000 verschiedenen Branchenselektionen angeboten werden. An den Branchenteil schließt sich der sogenannte Märkteteil des

Adressenkatalogs an, indem das Angebot, nach Märkten zusammengefasst, dargestellt wird. Das Studium verschiedener Kataloge der Adressenanbieter vermittelt einen guten Eindruck davon, wie bei der Selektion potentieller Adressen in Hinblick auf einzelne Merkmale vorgegangen werden kann.

Die zum Thema Firmenadressen getroffenen Aussagen gelten natürlich auch für den Komplex der Consumer/Privatdressen. Auch hier wird der Wert der Adressen durch die damit verbundenen Zusatzinformationen und für die Zielgruppeauswahl angebotenen Selektionskriterien bestimmt.

Für den Bezug von Adressen gelten folgende Konditionen:

- in der Regel stellt der Adressenverlag seine Adressen nur zur einmaligen Nutzung zur Verfügung, d.h. die Adressen werden nur vermietet,
- bei Mehrfachnutzung des Adressenmaterials gelten Sonderkonditionen und zusätzliche Nutzungsvereinbarungen,
- der Preis pro Tausend Adressen zum einmaligen Einsatz liegt bei ca. 100 Euro für normale Branchenadressen (zuzüglich Datenbank-Pauschalen) - ein Mindestauftragswert ist festgelegt,
- die Überprüfung der unerlaubten Nutzung von Adressen wird seitens der Adressenverlage durch Kontrolladressen sichergestellt.

Tipp:
Ganz gleich, ob Sie sich im Katalog nicht zurecht finden, Probleme bei der Zielgruppenauswahl oder Fragen zur Adressennutzung und zu den Kosten haben - lassen Sie sich von den Fachleuten aus den Adressenverlagen beraten. Oftmals bekommen Sie noch wertvolle zusätzliche Tips für Ihre eigenen Überlegungen.

Infoservice · wichtige Adressen

Zu den führenden Anbietern zählen:

- Schober Information Group, Ditzingen
  www. schober.de, Telefon 07156/304-0
- AZ Bertelsmann Direkt Marketing, Gütersloh
  www. Az-direct.com, Telefon 05241-80 54 38
- Merkur, Einbeck
  www. merkur-einbeck.de, Telefon 05561-31 48 18

- Pan-Adress, Planegg
  www. Pan-adress.de, Telefon 089-85 70 90

- Deutsche Post AG, www. deutschepost.de

Adressen von IHKs, Handwerkskammern und Verbänden

Viele dieser Organisationen bieten die Adressen ihrer Mitglieder auf CD-ROM zu Mailing-Zwecken an - mit der Möglichkeit, nach Branchen oder Betriebsgrößen zu selektieren. Die Praxis zeigt jedoch, dass die Adressenqualität je nach Region und Kammerbezirk sehr unterschiedlich ist. Die Folgen für den Einsatz: Kleine Mengen testen.

Adressen aus Fachzeitschriften, Branchenpublikationen und Tageszeitungen sammeln und aufbereiten

Neben Adressen von potentiellen Kunden und Meinungsführern bekommen Sie in Fachzeitschriften und Branchenverzeichnissen einen guten Überblick über Ihre Märkte, die Sie mit Ihren Produkten oder Dienstleistungen ansprechen wollen. Vor allem, wenn Sie regional tätig sind, können die „Gelben Seiten" eine ergiebige Quelle sein.

Empfehlenswert ist auch die regelmäßige Auswertung Ihrer Tageszeitung. Unter dem Aspekt der Adressensuche ergeben sich viele Informationen über Personen aus dem Wirtschaftsleben und den Unternehmen. Vielfach finden sich Wirtschaftsnotizen mit Hinweisen zu Inhabern und Geschäftsführern.

Adressenrecherche im Internet

Starten Sie eine Suchanfrage in den Suchmaschinen bzw. Internetverzeichnissen wie zum Beispiel www.google.de oder www.branchenbuch.de unter Eingabe der Branche bzw. dem Tätigkeitsfeld und recherchieren Sie die für Sie wichtigen Adressen. Dort finden Sie auch aktuelle Angaben über die zuständigen Kontaktpersonen. Von besonderem Interesse für die Gewinnung qualifizierter Adressen sind natürlich auch die branchenspezifischen Datenbanken mit allem wichtigen Kontaktdaten, wie zum Beispiel die nach Bundesländern geordnete Online-Datenbank der Arbeitsgemeinschaft Deutscher Technologie-und Gründungszentren - www.adt-online.de.

Tipp:

Besuche relevanter Veranstaltungen, Messen und Seminare sind eine gute Methode, Ihre Adressendatei qualitativ zu erweitern. Vergessen Sie nicht bei diesen Gelegenheiten, Visitenkarten auszutauschen. In Gesprächen bekommen Sie gute Anknüpfungspunkte für einen kurzen Brief mit Informationen über Ihr Unternehmen oder Möglichkeiten für einen weiteren Gesprächstermin.

Sammeln Sie auch Messekataloge und ähnliche Unterlagen. Auch dort finden Sie Informationen über potentielle Kunden für Mailing-Aktionen.

Checkliste Adressen

- Ist die Kundendatei auf dem neuesten Stand (Duplettenelimierung, Selektionskriterien) ?

- Sind die besonderen Merkmale (zum Beispiel Alter, Bildungsgrad, Kaufgewohnheiten) Ihrer Kunden bekannt?

- Gibt es in der Datei Zielgruppen, für die das Angebot besonders interessant ist?

- Wurde bei der Verwendung fremder Adressen geprüft, ob diese mit den Eigenschaften der bestehenden Kunden übereinstimmen?

- Vor der Neukunden-Akquisition: Was wurde für die bestehenden Kunden getan?

- Wurden die Fremdadressen vor der Hauptaussendung in kleinen Stückzahlen getestet?

- Gab es einen Abgleich der Fremdadressen mit den eigenen Adressen?

2.2.2 Die Aktionsziele: Was wollen Sie mit Ihrem Mailing erreichen?

Schritt 2:

Nach dem die Zielgruppenauswahl und die Adressenbeschaffung abgeschlossen sind, muss nun im zweiten Planungsschritt festgelegt werden, welches Ziel mit einer Mailing-Aktion erreicht werden soll.

Dabei kommen folgende Zielbündel zum Tragen:

- Gewinnung von neuen Kunden

  Messeeinladung, Einladung zur Produktpräsentation/Hausmesse, Anforderung von Produktinformationen/Prospekten, Außendienstbesuch/ telefonische Kontaktaufnahme

- Kundenbindung/Kundenpflege

  Direktes Verkaufsangebot, Aktivierung alter Kunden, Newsletterversand, Außendienstbesuch, Messeeinladung, Unterstützung des Außendienstes, Einladung zur Hausmesse

- Öffentlichkeitsarbeit

  Marktforschung, Umfragen zur Produktzufriedenheit, Unterstützung des Handels

- Einsatzgebiet

  lokal, regional, überregional, nur als abgegrenzter Testmarkt (zum Beispiel um die Adressenqualität zu testen)

Praxisbeispiel:

Das Reisebüro „ Nix wie weg", spezialisiert auf preislich attraktive Pauschalreisen nach Asien und Australien, möchte die Angebote für die neue Reisesaison bei Interessenten und Kunden bekannt machen. Diese Angebote müssen - vorgegeben durch die beste Reisezeit für Australien - im Zeitraum Mai/Juni im Markt plaziert werden, um die Reisenachfrage bis zum Höhepunkt Dezember/Januar zu stimulieren. Mit der Bekanntmachung der neuen Angebote will das Reisebüro bei Kunden und Interessenten folgende Ziele erreichen:

- möglichst viele Interessenten sollen zu neuen Kunden des Reisebüros werden,

- bestehenden Kunden sollen die neuen Angebote so unterbreitet werden, dass bisherige Australien-Reisende zu einer erneuten Buchung animiert und auch Asien-Reisende für das attraktive Ziel Australien motiviert werden und buchen.

2.2.3 Das Angebot: Was wollen Sie Ihrer Zielgruppe mitteilen?

Schritt 3:

Nachdem Sie sich Klarheit über die Zielgruppen und die Aktionsziele verschafft haben, gilt es im dritten Planungsschritt, den Zweck des Mailings klar zu bestimmen. Mailings, bei dem der Empfänger nicht auf dem ersten Blick erkennt, worum es geht und worin für ihn ein Vorteil besteht, wandern normalerweise in den Papierkorb. Mit einem Werbebrief nach dem Motto „Wir haben gute Produkte, wir leisten professionellen Service und freuen uns auf Ihre Anfrage" werden Sie nicht die erhoffte Wirkung beim Empfänger - nämlich eine Reaktion auf Ihren Werbebrief - erhalten.

Können Sie jedoch mit einer Besonderheit werben, die Ihre Mitbewerber nicht bieten und die dem Kunden einen konkreten Nutzen verspricht, profilieren Sie sich eindeutig. Prüfen Sie deshalb Ihre Produkte und Dienstleistungen kritisch. Wo liegen ihre Stärken und Schwächen? Aus welchen Gründen werden Sie genutzt? Was sind die besten Argumente und wo liegt der Kundennutzen? Gibt es Unterschiede zu den Angeboten der Mitbewerber? Gibt es einen besonders günstigen Zeitpunkt für die Kundenansprache?

Kein Mailing ohne konkretes Angebot

Auch wenn sich Ihre Produkte oder Dienstleistungen nicht direkt verkaufen lassen - bieten Sie Ihren potentiellen Kunden Vorteile und verbinden Sie Ihr Mailing immer mit einem konkreten Angebot. Natürlich kauft niemand eine hochwertige Maschine per Antwortkarte. Sie können Ihre Interessenten aber zum Beispiel zu einer Produktvorführung oder zu einem Fachvortrag einladen. Bei dieser Gelegenheit schaffen Sie persönliche Kontakte und bearbeiten anschließend potentielle Kunden per Mailing weiter. Andere bewährte Angebote für Mailings sind zum Beispiel:

- Expertenberichte
- Erfahrungsberichte Ihrer Kunden beim Produkteinsatz
- Einladung zu Workshops und Expertengesprächen

Interessante Mailing-Ideen zur Kundenbindung und zur Gewinnung von neuen Kunden werden anhand von folgenden Beispielen deutlich:

Praxisbeispiele:

In einem Handwerksbetrieb wurde der Pool von Kundenadressen für eine außergewöhnliche Mailing-Aktion zur Kundenbindung genutzt. Per Brief wurden die Kunden eingeladen, sich als Autoren mit Beiträgen (Erfahrungsberichte, Referenzschreiben etc.) für eine Broschüre zu betätigen - die Resonanz war sehr positiv: Innerhalb von zwei Monaten antworteten circa 15 Prozent der angeschriebenen Kunden mit entsprechenden Beiträgen.

Das Angebot des Reisebüros „Nix wie weg" lautet: „Die neuen Reisekataloge sind da." Als Verstärker wird ein Preisausschreiben eingesetzt, das die Empfänger dazu animiert, sich detailliert mit dem Inhalt des dem Mailing beiliegenden Prospektes auseinanderzusetzen. Die zurückgesandten Teilnahmescheine helfen bei der Pflege der eigenen Datenbank (zum Beispiel Möglichkeit der Korrektur von Adressen).

2.2.4 Das Mailing: Welches Konzept und welche Gestaltungsidee sollen gewählt werden - und wie sieht die Erfolgsrechung aus?

Schritt 4:

Im vierten Schritt arbeiten Sie nun eine Gestaltungsidee aus, die zu Ihren Zielgruppen, Ihrem Angebot und dem Auftritt Ihres Unternehmens passt und schätzen den finanziellen Erfolg Ihres Mailings in Relation zu den Mailing-Kosten ab.

Wie bereits skizziert wurde, ist es für den Erfolg Ihres Mailings von entscheidender Bedeutung, dass Sie die richtige Zielgruppe auswählen. Und dabei einen Aspekt nicht außer Acht lassen. Der Werbebrief und die Aufmachung aller Bestandteile müssen die Erwartungen der Adressaten erfüllen. Das bedeutet: Unterschiedliche Zielgruppen verlangen eine völlig unterschiedliche Ansprache - bei Unternehmern müssen Sie Ihr Mailing anders gestalten und einen anderen Ton treffen als zum Beispiel bei der Ansprache von Endverbrauchern.

Die folgenden Beispiele verdeutlichen zielgruppenspezifischen Konzeptideen und Gestaltungsansätze:

Praxisbeispiele:

Mailing einer mittelständischen PR-Agentur

Information über bevorstehenden Umzug, verbunden mit speziellem Dienstleistungsangebot.

Das Mailing besteht aus einem Umschlag mit Werbebrief, einem Infotext mit dem Angebot und einem Antwortblatt für die Fax-Rücksendung. (Beispiel, siehe Seite 33 und 34)

Konzept- und Gestaltungsidee für ein Mailing des Reisebüros „ Nix wie weg". Angebote für neue Australienreisen.

Das Mailing besteht aus einem Umschlag mit Werbebrief, einem Prospekt und einer Antwortkarte für das Gewinnspiel.

Die Aufmachung aller Bestandteile soll frisch, bunt und sehr bildbetont wirken. Farbklima und Bildinhalte sind sowohl vom Thema Australien als auch von den Emotionen her gegeben, die mit dem Mailing ausgelöst werden sollen: blauer Himmel, strahlende Sonne, weite Landschaft, typische Australien-Optik. Alle diese Elemente sollen den Adressaten den richtigen Vorgeschmack auf einen erlebnisreichen Urlaub geben.

Hauptwerbemittel für die erste Bekanntgabe der neuen Angebote ist ein Prospekt mit geringem Versandgewicht. Der Werbebrief hat die Aufgabe, die neuen Angebote sowie die wichtigsten Vorteile des Reisebüros (Beratungskompetenz der Mitarbeiter, Telefon- Hotline etc.) hervorzuheben. Als Verstärker zum Angebot wird ein Gewinnspiel eingesetzt, dass die Empfänger dazu animiert, sich detailliert mit dem Inhalt des Prospektes auseinanderzusetzen.

Die Texte sind kurz, stimmungsvoll und informativ in den Angebotsdetails.

Beispiel · Werbebrief:

It's Time for a Change ... wir ziehen in den S☼nnengarten!

Sehr geehrte Damen und Herren,

Sie wie wir wissen: Das Leben besteht aus Veränderungen. Um sich in einer schnell wandelnden Welt zu behaupten, ist eine gute Öffentlichkeitsarbeit für viele Unternehmen und Selbstständige unabdingbar. Deshalb engagieren wir uns seit Jahren für den PR-Erfolg unserer Kunden im Außenauftritt, in der Pressearbeit und auch in der internen Kommunikation. Damit man Sie kennt und Ihre Leistungen schätzt, damit Sie trotz aller Veränderungen im Gedächtnis Ihrer Kunden bleiben. Denn so erschließen sich neue Wege und Chancen.

Um selbst wieder ein gutes Stück voran zu kommen, zieht **kommunikate** nun in den S☼nnengarten. Mit mehr Raum für kreative Ideen und professionelles Arbeiten. Und mit mehr Platz für Sie, unsere Gäste – ob im Coaching, für Meetings oder Seminare.

Ab Dienstag, den 06. April 2004 erreichen Sie uns unter folgender Adresse:

Frankfurter Allee 18a
65835 Liederbach am Taunus

Zwar bleibt das Büro im familiären Liederbach, jedoch jenseits der „Telekom-Grenze" zur Mainmetropole. So erreichen Sie uns zukünftig unter der Frankfurter Nummer:

Tel.: *0 69 / 34 82 59 – 0*
Fax: *0 69 / 34 82 59 – 13*

... und sollte die Telekom länger auf der Leitung stehen, wählen Sie *0172 / 9437306*.

Erste Impressionen aus dem Sonnengarten und alle neuen Daten finden Sie in unserem aktualisierten Internet-Service unter www.kommunikate.de. Dort finden Sie auch alle Details unserer **Sommer-Offensive**: ein Schnäppchen, dass jeder braucht. Schauen Sie doch bei nächster Gelegenheit bei uns vorbei! Gerne zeigen wir Ihnen unser neues Büro bei einer Tasse Kaffee oder einem Glas Prosecco.

Herzlichst Ihr

und das ganze **kommunikate**-Team

P.S.: Sparen Sie jetzt Zeit und Geld. Nutzen Sie unsere Sommer-Offensive für Texte, die noch besser ankommen. <u>**Sie sparen über 20 %**</u>

Beispiel · Infotext/Dienstleistungsangebot:

kommunikate Sommer-Offensive 2004:

Texte, die noch besser verkaufen.

Sie kommunizieren mit Ihren Kunden, Mandanten oder Patienten und der Öffentlichkeit. Und Sie haben das Gefühl, Ihre Texte könnten manchmal noch besser sein, wenn Sie nur mehr Zeit dafür hätten. Dann haben wir jetzt die Lösung, die Sie sich sicher schon immer gewünscht haben.

Aus der täglichen Praxis, über 500 PR- und Marketing-Seminaren sowie unzähligen Unternehmer- und Vertriebscoachings wissen wir, welche Texte beim Empfänger greifen und welche floppen. Nutzen Sie unsere Branchenkenntnis und die Kreativität unserer Texter. Ob Kundenmailings, Veranstaltungseinladungen oder Akquisebriefe. Ob Image-Broschüre, Internet-Auftritt oder Routine-Schreiben...

Wir überarbeiten zeitnah und termingerecht Ihre Texte für jeden Bedarf. Professionell. Zielgruppengerecht. Ergebnisorientiert. Alles, was wir dafür brauchen, ist eine aktuelle Kopie als Vorlage oder Ihre fachlichen Informationen für einen neuen Text.

Von April bis August 2004 erhalten Sie alle Textoptimierungen deutlich günstiger. Anstatt € 90 für nur € 69 pro Seite. Und das inklusive zweier Korrekturläufe.

Sie wollen vorher Referenzen sehen:

Dann schauen Sie sich einfach im Internet unter www.kommunikate.de unsere Referenzen an. Dort haben wir für Finanzdienstleister und Vitalärzte das detaillierte Sommer-Angebot und viele Beispiele hinterlegt.

Texte, die wirken – kommunikate

So schätzen Sie den Erfolg Ihrer Mailing-Aktion ab

Machen Sie sich vor jeder Mailing-Aktion Gedanken darüber, wieviel Sie für die Pflege eines bestehenden Kunden bzw. für die Gewinnung eines neuen Kunden einzusetzen bereit sind. Gleichzeitig sollten Sie sich realistische Ziele setzen, was den Rücklauf, also den Erfolg Ihres Mailings, angeht und diesen in Relation zu den Marketingkosten setzen.

Den Erfolg einer Mailing-Aktion kann niemand vorhersagen. Es gibt jedoch Erfahrungswerte, die eine Vorstellung davon geben, wie sich der Rücklauf - abhängig von Ziel, Zielgruppe und Art des Mailings - gestaltet:

- Direktverkauf: 1 bis 3 Prozent
- Informationsanforderung: 1 bis 8 Prozent
- Außendienstbesuche: 0,5 bis 3 Prozent

Anhand des folgenden Beispiels wird deutlich, wie sich der Erfolg einer Mailing-Aktion berechnen lässt. Bei allen Preisen handelt es sich um Beispielswerte. Je nach Auflage, Mailing-Konzeption sowie Gestaltungsaufwand für die Mailing-Teile ergeben sich entsprechende Preisabweichungen.

Praxisbeispiel:

Ein Optiker will im Frühjahr ein neues Sonnenbrillen-Modell bewerben und verkaufen.

Er verwendet die Adressen aus seiner eigenen Datenbank und schreibt Kunden im Alter zwischen 20 und 40 Jahren an. Wenn er per Infopost ein 20-Gramm-Mailing an 600 Adressen verschickt, entstehen ihm Portokosten von rund 0,24 Euro pro Stück.

Die Kosten für hochwertiges Briefpapier belaufen sich auf rund 75 Euro. Die Verarbeitung des Mailings verlagert er in sein Geschäft. Die gesamte Mailing-Aktion kostet ihn 219 Euro - das macht 0,37 Euro pro angeschriebenen Kunden.

Richtwert - Cost per Contact:

- Auflage: 600
- Mailing-Kosten: 219 Euro
- Cost per Contact: Mailing-Kosten dividiert durch Auflage = 0,37 Euro

Bei einem Rücklauf von 3 Prozent - gleichbedeutend mit 18 potentiellen Käufern - würde sich sein Umsatz bei 150 Euro pro verkaufter Brille um 2700 Euro erhöhen.

Wenn er bei den angebotenen Sonnenbrillen einen durchschnittlichen Gewinn von 25 Euro realisieren kann, erreicht er die Gewinnzone schon bei 9 Käufern (Rücklaufquote: 1,5 Prozent von 600 Interessenten).

Richtwert - Break-Even:

- Mailing-Kosten pro Stück: 0,37 Euro
- Durchschnittlicher Gewinn pro Stück: 25 Euro
- Break-Even: Mailing-Kosten pro Stück multipliziert mit 100, dividiert durch den durchschnittlichen Gewinn pro Stück = 1,5 Prozent von 600 (9 Käufer)

Die nachfolgende Checkliste gibt Ihnen wichtige Hinweise, was bei der Planung, Organisation und Durchführung von Mailing-Aktionen zu beachten ist.

Checkliste: Mailing-Planung

- Welche Ziele sollen mit dem Mailing erreicht werden?
- Bestimmen Sie, was Sie von den Adressaten Ihres Mailings wollen.
- Wer ist die Zielgruppe Ihres Mailings?
- Stehen die Adressen zur Verfügung oder müssen sie erst beschafft werden?
- Wurden verschiedene Angebote geprüft?
- Wurde genügend Zeit für die Aufbereitung eigener Adressen eingeplant?
- Bestimmen Sie, wie das Mailing aussehen soll (Werbebrief, Antwortkarte, Verstärker, Prospekt, Umschlag).
- Werden Gewicht und Ausführung der einzelnen Mailing-Bestandteile schon bei der Konzeption genau geplant und abgestimmt?
- Reichen die Briefbogen aus oder müssen sie nachgedruckt werden?

- Sind ausreichend Prospekte und/oder Informationsmaterial vorrätig - entweder für den Versand mit dem Werbebrief oder für die Bearbeitung der Rückläufe?

- Legen Sie die Stückzahl/Auflage Ihres Mailings fest und erfragen Sie die optimale Versandart.

- Sind für die Produktion aller Bestandteile mehrere Angebote eingeholt worden?

- Können Sie Geld sparen, indem Sie auf Sonderfarben etc. verzichten?

- Vermeiden Sie komplizierte Falze und Stanzungen (erhöht die Mailingkosten).

- Eignen sich alle Bestandteile zur maschinellen Weiterverarbeitung bei Mailing-Dienstleistern?

- Werden Zeitreserven zwischen einzelnen Verarbeitungsschritten eingeplant, damit Endtermine nicht schon bei einer Verzögerung platzen?

- Sollen externe Dienstleistungsunternehmen (Werbebrieftexter, Lettershop) in die Planungen mit einbezogen werden?

- Wurden Angebote dieser Unternehmen eingeholt?

- Wurde ein Kostenrahmen für die gesamte Mailing-Aktion festgelegt?

- Soll ein Test-Mailing ausgesandt werden - zur Überprüfung der Qualität der Adressen und der Werbemittelbotschaft?

- Wurde der Versandtermin für das Mailing festgelegt - unter Berücksichtigung von Feiertagen, Ferienterminen und Wochenenden?

- Gibt es einen Plan für Nachfassaktionen - mit dafür geschulten Mitarbeitern?

3 Die Mailing-Teile: Umsetzung und visuelle Gestaltung

Obwohl die Gestaltung von Mailings nicht unbedingt eine Geheimwissenschaft ist, gibt es doch eine Reihe von wichtigen Tricks und psychologischen Strategien, durch die man dem angestrebten Erfolg näher kommt. Die Schwierigkeit besteht darin - insbesondere beim Werbebrief als wichtigstem Element eines Mailings - sich auf den kaufentscheidenden Vorteil zu konzentrieren und sich bei der Konzeption des Werbebriefs einen zentralen Aspekt vor Augen zu halten: Die Erwartung des Kunden bestimmt den Text.

Neben sachlichen Gründen müssen unbedingt auch emotionale Aspekte, wie der Wunsch, Ausgefallenes zu besitzen, sich finanzielle Vorteile zu verschaffen oder zu einem exklusiven Kundenkreis zu gehören, bei der Gestaltung des Mailings herausgestellt werden.

3.1 Der Werbebrief: Grundlagen und Konzepte für den Erfolg

Was für das gesamte Mailing gilt, ist auch für die Entwicklung eines Werbebriefs von entscheidender Bedeutung: Legen Sie sich einen Plan zurecht. Denn Ziel des Werbebriefs - im Sinne eines geschriebenen Verkaufsgesprächs - ist es, Ihr Gegenüber davon zu überzeugen, etwas zu tun - und zwar als direkte Reaktion auf Ihr Mailing. Die Entscheidung, ob der Empfänger Ihren Werbebrief liest oder nicht, wird Untersuchungen zu Folge innerhalb weniger Sekunden getroffen.

Damit aus einem Brief ein wirkungsvoller Werbebrief wird, sollten Sie bestimmte Gesetzmäßigkeiten beachten. Zunächst gilt es, einige Grundlagen zu erläutern, bevor Sie sich mit der inhaltlichen Gestaltung eines Werbebriefs beschäftigen.

3.1.1 Blickverlauf · Handlungsmotive · Nutzenargumentation

Berücksichtigen Sie den Blickverlauf

Tests mit speziellen Kameras haben gezeigt, dass das Lesen von Werbebriefen immer wieder gleichen Gesetzmäßigkeiten unterliegt. Diese Erkenntnisse aus dem sogenannten Blickverlauf sollten berücksichtigt werden, um Ihre Botschaft so zu gestalten, dass ein wesentlicher Teil der Argumentation bewusst wahrgenommen wird.

Den Blickverlauf beim Lesen des Werbebriefs verdeutlicht Bild 3:

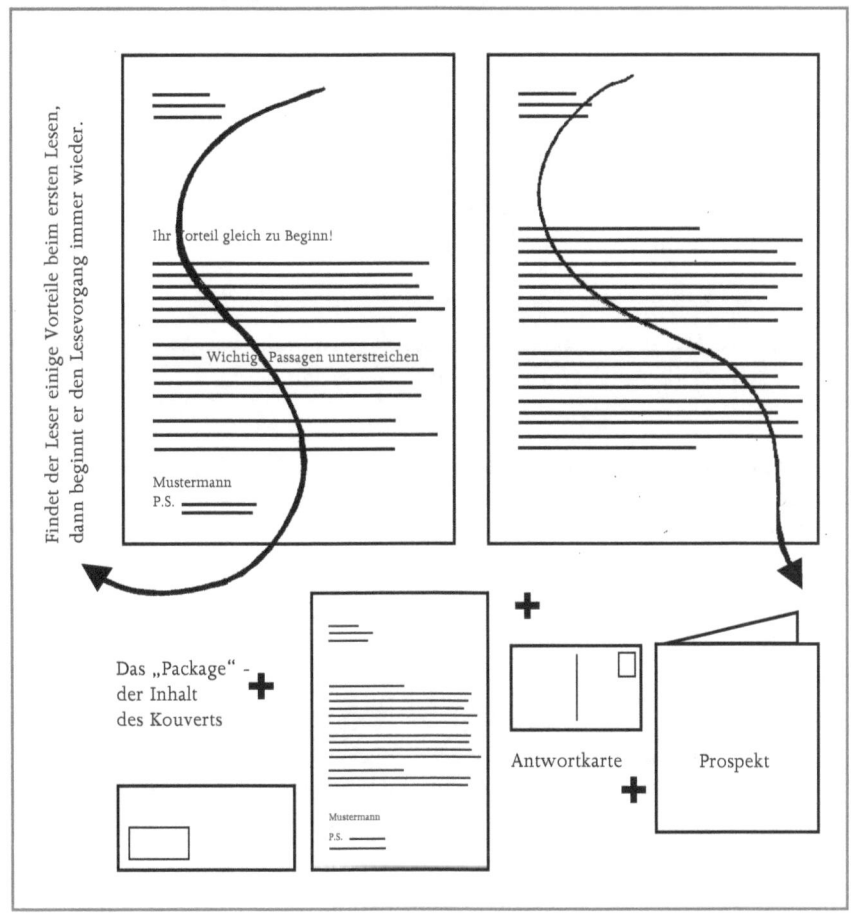

Bild 3: Der Blickverlauf in Werbebriefen

In dieser Phase stellt sich der Adressat folgende Fragen, die Ihr Werbebrief beantworten muss - sonst landet er im Papierkorb:

- Ist dieser Brief für mich bestimmt?

  Die Adresse muss korrekt sein und der Name darf auf keinen Fall falsch geschrieben sein. Denken Sie daran: Sie schreiben nicht an eine „Zielgruppe", sondern an eine Person, die es übel nimmt, wenn ihr Name falsch geschrieben wird.

- Wer schreibt mir?

  Der Name Ihres Unternehmens mit Adresse und Kontaktdaten muss eindeutig erkennbar sein. Hinzu kommt noch ein weiteres bedeutendes Element: Können Sie sich ein überzeugendes Gespräch zwischen zwei Unternehmen vorstellen?

  Anonymität ist im Dialog-Marketing nicht gefragt. Sagen Sie also, wer Sie sind und unterschreiben Sie Ihren Werbebrief mit Vor-und Zunamen - am besten mit der Hand.

  Um die Sache perfekt zu machen, sollte der Name noch einmal gedruckt darunter stehen und eine Funktionsbezeichnung beinhalten.

- Worum geht es und was habe ich davon?

  Der Zweck Ihres Werbebriefs muss mit dem Mehrwert für den Empfänger bereits in der Betreffzeile deutlich werden.

Sprechen Sie Handlungsmotive an

Ihr Empfänger weiß nun, wer Sie sind, was Sie wollen und dass er gemeint ist. Jetzt ist es an der Zeit, ihm zu sagen, was er tun soll und was er davon hat, wenn er das tut. An dieser Stelle geht es in erster Linie nicht darum, Ihr Produkt oder Ihre Dienstleistung zu kaufen, zum Beispiel ein neues Softwarepaket oder eine Niedrigtemperatur-Heizung.

Produkte sind Lösungen. Sie stehen am Ende. Am Anfang steht jedoch die Motivation. Daraus folgt für Ihr Mailing: Sie müssen Strategien entwickeln, um den Empfänger Ihres Werbebriefs auch wirklich zum Lesen zu animieren und vermeintliche oder tatsächliche Bedürfnisse und Wünsche zu wecken.

Um die Handlungsmotive des Kunden oder Interessenten so genau wie möglich zu treffen, steht Ihnen eine Auswahl von Motivationsfaktoren zur Verfügung - um sich zu überlegen: Was ist an meinem Angebot dran, dass dem Kunden zum Beispiel zu noch mehr Gewinn, Spaß, Sicherheit, Bequemlichkeit etc. verhelfen könnte?

Folgende Liste mir Handlungsmotiven gibt Ihnen Anhaltspunkte:

- Stolz/Eitelkeit:
  Anerkennung, Bestätigung, Zustimmung, Stärkung des Selbstbewusstseins
  Formulierungsbeispiel:
  „Unser Trainingsprogramm richtet sich an Führungskräfte, die nichts dem Zufall überlassen - so wie Sie". (Management-Seminare)

- Vergnügen:
  Freude, Spaß, Genuss, Begeisterung, Neugier
  Formulierungsbeispiel:
  „Die Automarke xy fahren für eine Leasingrate von weniger als 500 Euro im Monat. Herzrasen? Dann hören Sie drauf!" (Sportwagen-Leasingangebot)

- Gewinn:
  Ersparnis, Ertrag, Zuwachs, Vorteil/Nutzen
  Formulierungsbeispiel:
  „ Sie ärgern sich über hohe Vertriebskosten? Wir haben Ihr Sparprogramm!" (Softwareprodukt für Vertrieb)

- Sicherheit:
  Sorglosigkeit, Bequemlichkeit, Zufriedenheit, Wohlbehagen, Zuverlässigkeit, Soziale Verantwortung, gutes Gewissen
  Formulierungsbeispiel:
  „Mit unserem Heizungssystem leben Sie aktiven Umweltschutz und sparen Geld". (Niedrigtemperaturheizung)

Argumentieren Sie mit ganz konkretem Kundennutzen

Fast jeder Werbebrief, den wir im Briefkasten finden, beschäftigt sich mit Argumenten, die mit Merkmalen von Produkten zu tun haben. Produkteigenschaften sind zwar wichtig. Aber sie sind nicht der Grund, warum sich jemand für Ihr Angebot interessiert. Lassen Sie sich also nicht verleiten, alle

Besonderheiten und Qualitäten in Ihrem Werbebrief zu thematisieren. Den Kunden interessieren nämlich ganz andere Dinge:

- Welchen Nutzen habe ich als Kunde von dem Angebot?
- Welche Probleme löse ich, wenn ich das Produkt kaufe?
- Welche Ziele erreiche ich mit dem Erwerb des Produkts?

Zwei Beispiele sollen die Argumentation mit konkretem Kundennutzen deutlich machen:

Praxisbeispiele:

Ein Klimatechnik-Betrieb verkauft Niedrigtemperaturheizungen.

Der Heizungsfachmann würde sicherlich für die Überschrift und den Einstieg in den Werbebrief Formulierungen wählen, wie:

„Unsere moderne Niedrigtemperaturheizung sorgt für geringe Emissionen und einen hohen Wirkungsgrad".

Für Interessenten wären folgende Überschriften stärkere Motive, den Werbebrief weiterzulesen:

„Den Winter genießen und Kosten sparen" oder „Sparen Sie 60 Prozent Ölkosten bei höherer Leistung - leben Sie aktiv Verantwortung".

Denn: Mit diesen Überschriften werden die Bedürfnisse der Interessenten und der Nutzen der Heizungsanlage angesprochen und Lösungen angeboten.

Ein Software-Unternehmen verkauft ein neuartiges Dokumentenmanagement-System.

Folgende Überschrift für einen geplanten Werbebrief weckt wenig Interesse, sich mit dem Schreiben weiter zu beschäftigen:

„Benutzerfreundliches Dokumentenmanagement-System"

Überlegt werden sollte vielmehr, warum zum Beispiel Chemie-oder Biotechnologie-Unternehmen derartige Softwareprogramme kaufen:

Sie benötigen ständig qualitativ hochwertige Informationen, um Produkte schneller auf den Markt zu bringen. Sie wollen Mitarbeiter effektiver bei der Informationsbeschaffung einsetzen, um Freiräume zu schaffen. Wenn Sie diese Erkenntnisse bei der Formulierung des Werbebriefs umsetzen, könnte die Überschrift so lauten :

„Optimieren Sie ihre Informationsbeschaffung!

Mit dem (Produkt) sichern Sie sich Wettbewerbsvorteile" oder

„Das (Produkt) gestaltet Ihre Informationsbeschaffung effektiver".

Sie sehen also, gute Werbebriefe lösen sich vom Produkt und seinen Eigenschaften und machen den Blick frei für die Erwartungen der Kunden und deren Nutzenüberlegungen.

Tipp:

Wenn Sie sich Gedanken über die Nutzenargumentation bei Ihrem Produkt oder Ihrer Dienstleistung machen, helfen beispielsweise folgende Formulierungen weiter:

- das erhöht Ihre.....
- das bedeutet für Sie....
- das sichert Ihnen.....
- das senkt Ihre......
- das bringt Ihnen......

3.1.2 Die Dramaturgie eines Werbebriefs

Nur wenn ein Werbebrief einem ganz bestimmten dramaturgischen Aufbau folgt, kann er die Aufmerksamkeit des Lesers gewinnen. Das bedeutet für die Gestaltung des Werbebriefs:

- Er muss den Leser mit der Überschrift neugierig machen.

    Mit einem Blick muss er erkennen, worum es geht. Nennen Sie ein wichtiges Nutzenargument.

- Der Einstieg in den Werbebrief - die ersten beiden Absätze - hat die Aufgabe, das Interesse des Lesers zu steigern. Das bedeutet, dass die Botschaft, die in der Überschrift kurz und prägnant angedeutet wurde, zu Beginn des Brieftextes argumentativ weiter ausgebaut werden sollte.

Der Ansprache von Handlungsmotiven kommt dabei eine große Bedeutung zu.

Mit Einleitungssätzen, wie „Stellen Sie sich vor.......plus typische Situationen" schaffen Sie beim Leser Szenarien, die seine Bereitschaft erhöhen, weiterzulesen. Mit einer anderen Strategie können Sie die Erwartungen des Empfängers geschickt bedienen, zum Beispiel mit rhetorischen Fragen, die Übereinstimmung suggerieren - auch so gewinnen Sie die Aufmerksamkeit des Lesers.

- Der Werbebrief kann im Kern mit seiner Argumentation über Ihr unverwechselbares Angebot informieren. Darüber hinaus dient er dazu, Ihr Unternehmen zu präsentieren.

- Die schlüssige Argumentation des Werbebriefs wird geprägt durch den letzten Absatz. Wiederholen Sie noch einmal den Nutzen Ihres Angebots und sagen Sie dem Leser, was er genau tun muss, um sich Ihr Angebot zu sichern (zum Beispiel Bestellkarte absenden, Einladung annehmen etc.). Machen Sie es ihm so leicht wie möglich zu reagieren.

- Die Unterschrift unter Ihrem Werbebrief darf nicht fehlen. Sie trägt dazu bei, ein Vertrauensverhältnis zwischen potentiellen Käufern und Verkäufern aufzubauen. Überlegen Sie, bei welcher Auflage Sie die Werbebriefe im Original und von Hand unterschreiben wollen, und ab welcher Stückzahl es sinnvoller erscheint, sie per Laserdruck einfügen zu lassen. In jedem Fall sollten der Name und die Funktion zusätzlich noch einmal gedruckt unter der Unterschrift stehen.

- Das Postskriptum stellt einen zusätzlichen Mehrwert in Aussicht, falls der Leser auf das Angebot reagiert.

Sie haben verschiedene Möglichkeiten, das PS zu gestalten:

Sie stellen noch einmal das allerstärkste Argument für den Kunden heraus (Was macht den Nutzen, die Einzigartigkeit aus, den der Kunde aus dem Angebot zieht?)

Sie stellen heraus, wie risikolos es für Ihre Kunden ist, zu antworten.

Sie bringen ein zusätzliches Argument (zum Beispiel eine zeitliche Limitierung, ein Überraschungsgeschenk bei schneller Antwort).

Bild 4 verdeutlicht, worauf beim Aufbau eines Werbebriefs zu achten ist.

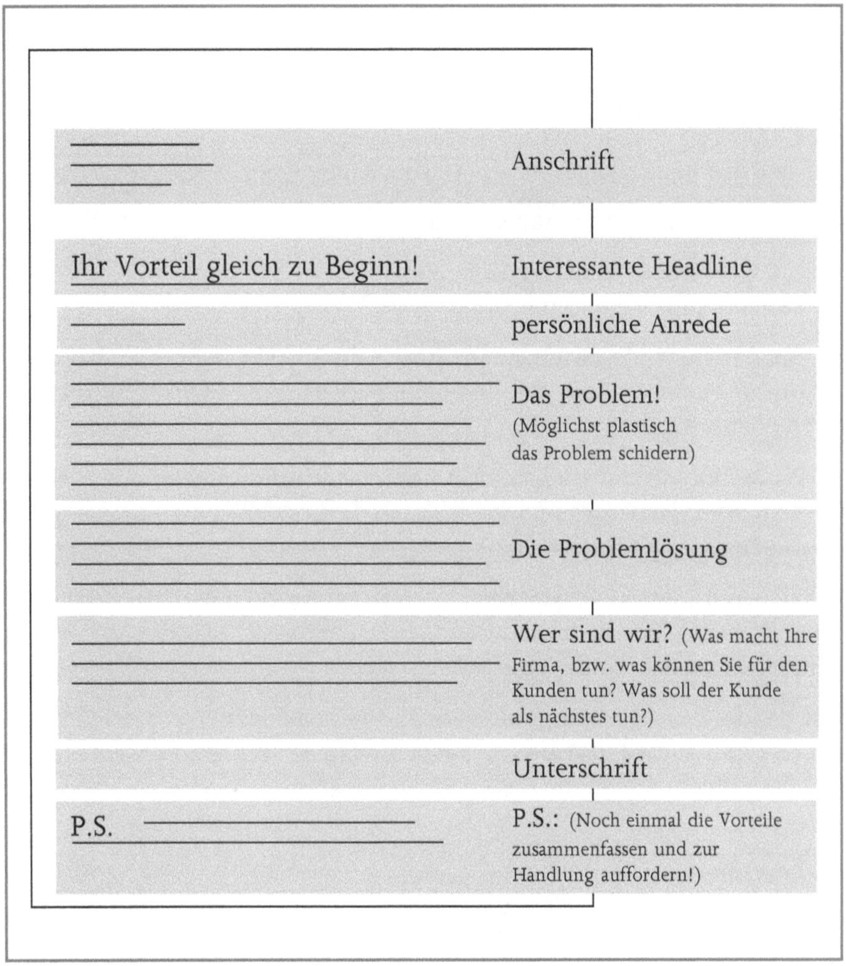

	Anschrift
Ihr Vorteil gleich zu Beginn!	Interessante Headline
	persönliche Anrede
	Das Problem! (Möglichst plastisch das Problem schidern)
	Die Problemlösung
	Wer sind wir? (Was macht Ihre Firma, bzw. was können Sie für den Kunden tun? Was soll der Kunde als nächstes tun?)
	Unterschrift
P.S.	P.S.: (Noch einmal die Vorteile zusammenfassen und zur Handlung auffordern!)

Bild 4:   Der Aufbau eines Werbebriefs

> **Tipp:**
>
> Die Bereitschaft des Empfängers, sich mit Ihrer Botschaft auseinanderzusetzen, ist begrenzt. Deshalb gilt: Ein Werbebrief sollte in der Regel nicht länger sein als eine DIN A4-Seite. Und nutzen Sie eine Schrift in lesbarer Größe (Arial 12 Punkt) und mit ausreichendem Zeilenabstand (ein-oder eineinhalbzeilig).

Empfehlungen: Produktion · Papier · Weiterverarbeitung

Für den produktionstechnischen Teil sind folgende Hinweise hilfreich:

- Personalisierung mit Einzelblattlaser
- Lasergeeignetes Papier verwenden
  Empfehlung: weiß Offset, 80 g/qm
- Auch bestehendes Briefpapier (ideal: Offsetpapier) ist grundsätzlich für die Personalisierung (oder einen nachträglichen Offseteindruck) verwendbar.
- Papierhintergrund weiß oder in hellem, unstrukturiertem Ton, um die Lesbarkeit des Textes und die maschinelle Lesbarkeit der Adresse durch die Post zu gewährleisten.

In jedem Fall ist es empfehlenswert, sich von entsprechenden Dienstleistungsunternehmen (Direktmarketing-Center/Deutsche Post AG oder Lettershop) beraten zu lassen - siehe Kapitel 3.5.

Auf den folgenden Seiten finden Sie nun Beispiele von Werbebriefen, bei denen deutlich wird, warum ein Werbebrief in den Papierkorb wandert und welche Elemente ihm zum Erfolg verhelfen können.

Praxisbeispiel:

Wie Sie es nicht machen sollten.

Sehr geehrte Damen und Herren, die xy-Gebäudereinigung macht seit drei Jahren Reinigungen aller Art und möchte die Gelegenheit nutzen, um sich kurz bei Ihnen vorzustellen:

Unser dynamischer Betrieb bürgt für eine fachmännische Beratung und einen tadellosen Service! Täglich, 24 Stunden, genau dann, wenn Sie uns brauchen.

Wir verfügen über ein großes Potential an fachkundigen und fleißigen Mitarbeitern und sind dadurch in der Lage, sehr kurzfristig Aufträge und Anfragen zu erledigen.

Das Leistungspotential umfasst:

- Privat-und Büroreinigung
- Glasreinigung
- Teppichbodenreinigung

Nutzen Sie die Möglichkeit für ein kostenloses und unverbindliches Angebot. Wir danken Ihnen für Ihr Interesse und würden uns über Ihren Anruf freuen.

Mit freundlichen Grüßen

Schwachstellenanalyse:

Der Werbebrief spricht den Adressaten nicht auf der emotionalen Ebene an. Die Vorteile der Dienstleistung werden nicht konkret genug herausgearbeitet - eine Nutzenargumentation fehlt völlig. Folgende Punkte sind ein Beleg dafür :

- Keine personalisierte Anrede.
- Keine Überschrift, die einen Anreiz oder einen Hinweis auf einen Mehrwert für den Adressaten bietet.
- Der Briefeinstieg motiviert nicht zum Weiterlesen, da er nur allgemeine, oberflächliche Informationen enthält und der Nutzen für den Empfänger nicht deutlich wird. Selbstverständlichkeiten, wie „Beratung und Service" bieten auch die Mitbewerber.
- Es fehlt ein echtes Angebot und eine konkrete Aufforderung zum Handeln. Am Ende versandet der Werbebrief mit einem flauen „Wie danken für Ihr Interesse" (Welches Interesse?).

Dieser Werbebrief, bestehend aus Banalitäten ohne konkrete Aussagen und Anreize, wandert in der Regel in den Papierkorb.

_____
Praxisbeispiel:

Ein Werbebrief mit gelungenem dramaturgischen Aufbau.

Optimieren Sie Ihre Informationsbeschaffung!

Mit dem xy-Produkt zum Informationserfolg

Sehr geehrter Herr........,

ich möchte Ihnen heute ein System vorstellen, das Ihre Arbeitsabläufe effektiv unterstützt. Doch lassen Sie mich vorher ganz kurz drei Fragen stellen:

- Haben auch Sie manchmal das Gefühl - trotz unbegrenzter Informationsangebote - nicht immer über qualitativ hochwertige Informationen zu verfügen?
- Fragen auch Sie sich manchmal, ob sie nicht mit Hilfe eines schnelleren und gezielteren Zugriffs auf Informationen neue Produkte vor der Konkurrenz auf den Markt bringen könnten?
- Wünschen auch Sie sich, Ihre Mitarbeiter bei der Informationsbeschaffung effektiver einzusetzen, um so Freiräume zu schaffen?

Wenn Sie jetzt ein, zwei oder vielleicht sogar dreimal innerlich mit Ja geantwortet haben, dann kommt unser Angebot für Sie genau im richtigen Moment. Denn mit dem xy-Produkt steht Ihnen ein Dokumentenmanagement-System zur Verfügung, das

- alle relevanten Fachinformationen aufnimmt,
- auch den automatischen Ablauf von Standardsuchabfragen gewährleistet,
- die Informationsverteilung an die Fachabteilungen beschleunigt.

Sie möchten mehr über das xy-Produkt erfahren? Dann nutzen Sie einfach das Faxformular auf der Rückseite! Ich freue mich auf Ihre Antwort und verbleibe

mit herzlichen Grüßen

PS: Mit dem standardisierten xy-Produkt bekommen Sie ein preisgünstiges Dokumentenmanagement-System, das sich bisher nur Konzerne mittels erheblicher Investitionen leisten konnten.

Dieser Werbebrief nutzt die wichtigsten dramaturgischen Elemente - die Voraussetzung für den Erfolg beim Leser :

- Die Überschrift weckt Interesse. Der Leser weiß sofort, worum es geht. Im ersten Absatz werden Probleme des Kunden - auch auf emotionaler Ebene - aufgegriffen. Da schreibt jemand, der weiß, wo „ der Schuh drückt".
- Im zweiten Absatz wird eine Lösung mit konkreten Vorteilen präsentiert.
- Nach der Aufforderung zur Reaktion per Faxformular folgt im Postskriptum der Hinweis auf das Preis/Leistungsverhältnis des neuentwickelten Softwareprodukts - so können nicht nur Weltkonzerne, sondern auch kleine Unternehmen profitieren.

Praxisbeispiel:

Wie Sie es nicht machen sollten.

Sehr geehrte Damen und Herren,

mit unserem Schreiben möchten wir Ihnen unsere Büromöbelsysteme vorstellen. Unsere Vorteile für Sie:

Sie erhalten ein Büromöbelprogramm:
- mit Qualität bis ins Detail, kurze Lieferzeiten
- praxisorientiert, mit variablem Ausbauprogramm, auch für kleine Räume
- für jeden Anspruch und Geldbeutel
- Nachkaufgarantie bis zu 12 Jahre

Sie erhalten von uns folgende Leistungen:
- alles zum Anschauen und Ausprobieren auf 400 qm Ausstellung
- eine freundliche kompetente Beratung
- auf Anforderung kommen wir zu Ihnen ins Haus
- wir messen Ihre Büroräume und planen mit Ihnen vor Ort
- Lieferung und Montage gehört bei uns zum Service

Alle Produkte mit einem hervorragenden Preis-Leistungsverhältnis und kurzen Lieferzeiten, Stühle können in der Regel sofort mitgenommen werden. Wir arbeiten sehr gerne, besonders für Sie, probieren Sie es aus.

Mit freundlichen Grüßen

Schwachstellenanalyse:

- Der an Unternehmensgründer gerichtete Werbebrief greift weder in einer Überschrift noch im Briefeinstieg die Nöte der Zielgruppe auf.

- Der Werbebrief ist zu sehr aus Sicht des Büromöbelhändlers formuliert. Die Vorstellung von Büromöbelsystemen bietet keinen Anreiz zum Weiterlesen.

- Im gesamten Brieftext wird zwar das Angebot beschrieben, aber kein eindeutiger Mehrwert dargestellt. Zudem fehlt eine klare Aufforderung an den Leser zum Handeln (zum Beispiel die Anforderung von Prospektmaterial oder Preislisten), sollte doch eine Informations,-oder Kaufabsicht bestehen.

- So wird aus Sicht der Praxis kein wirkliches Interesse geweckt und kein Dialog mit potentiellen Kunden gesucht.

Praxisbeispiel:

So sieht der Verbesserungsvorschlag aus.

Hilfe für Jungunternehmer: Sparen Sie Zeit und Geld.

Sehr geehrter Herr......,

Sie haben gerade Ihr eigenes Unternehmen gegründet.
Neben dem unvermeidlichen Verwaltungs-und Papiergram müssen Sie auch Ihre Büroräume ausstatten und funktionstüchtig machen. Dies ist mit viel Lauferei und noch mehr Orientierungsaufwand verbunden. Dafür ist Ihre Arbeitszeit zu schade!

Mit unserem Katalog haben Sie die ganze Bürowelt auf ihrem Schreibtisch. Von der Büroklammer bis zum Komplettbüro - direkt bestellt und schnell geliefert.

Damit Sie den Kopf frei haben für das, was wirklich wichtig ist: Ihr geschäftlicher Erfolg.

Fordern Sie noch heute mit beiliegendem Antwortfax unseren aktuellen Produktkatalog an.

Noch einen erfolgreichen Tag.

Unterschrift
(Name und Funktionsbezeichnung)

PS : Wenn Sie bis zum....... bestellen, begrüßen wir Sie mit einem 20%- Rabatt.

Der Werbebrief ist auf die Bedürfnisse und die Gefühlslage der Zielgruppe abgestimmt - eine Grundvoraussetzung für den Erfolg:

- Mit der Überschrift und dem Briefeinstieg wird dem Jungunternehmer uneingeschränkt Hilfe angeboten. Es wird Verständnis für die spezielle Situation des Unternehmensgründers aufgebracht und eine Lösung für eines seiner Probleme (Büroausstattung) angeboten.
- Der Werbebrief enthält eine konkrete Aufforderung zur Reaktion und das Postskriptum nennt einen eindeutigen Mehrwert (Rabatt).

3.1.3 So entwickeln Sie verkaufswirksame Texte

Wenn sie einen Werbebrief entwickeln wollen, sollten Sie sich immer bewusst sein, dass Ihr Brief ein Verkaufsgespräch ersetzen soll. Also schreiben Sie so, wie Sie mit Ihren Kunden oder Interessenten sprechen würden, wenn Sie ihnen gegenüber säßen. Aus vielen Verkaufsgesprächen wissen Sie natürlich, welche Anforderungen Ihr Gegenüber an Ihre Produkte oder Dienstleistungen stellt und welche Argumente Sie bieten können.

Diese Erfahrungen sollten Sie nutzen und somit folgende Eckpunkte bei der Entwicklung Ihres Werbebriefes berücksichtigen:

- Wodurch zeichnet sich mein Produkt aus?
- Welchen Nutzen hat der Kunde davon?
- Gibt es Pluspunkte rund um das Produkt?
- Wie steht es mit dem Preis im Vergleich zu den Mitbewerbern?
- Gibt es zusätzliche Vorteile für den Kunden?

Die Antworten auf diese Fragen dienen Ihnen als roter Faden und zusammen mit den Grundlagen (siehe Kapitel 3.1.1) sowie den dramaturgischen Elementen (siehe Kapitel 3.1.2) haben Sie ein „Drehbuch" für die Werbebriefgestaltung zur Hand.

Praxiserprobte Regeln für die Formulierung

Bevor Sie sich der kreativ-textlichen Gestaltung zuwenden, erscheint es sinnvoll, Ihnen die wichtigsten Regeln vorzustellen, die Sie bei der Formulierung der Textteile Ihres Werbebriefs unbedingt berücksichtigen sollten. In jedem Fall gilt: Texten Sie mit Herz und Verstand, vermitteln Sie Gefühle und erzeugen Sie Stimmungen - kurz, einfach und verständlich.

Darauf sollten Sie bei der Wortwahl achten:

- Nutzen Sie umgangssprachliche Formulierungen.

- Vergessen Sie nie: Sie schreiben keinen Fachaufsatz, sondern Ihr Werbebrief ist ein geschriebenes Verkaufsgespräch.

- Formulierungsbeispiele

  Nicht: „Das ist ein ausgezeichnetes Preis-Leistungsverhältnis".
  Sondern: „Da kriegen Sie was für Ihr Geld".

  Nicht: „Diese Methoden verbessern die Produktivität".
  Sondern: „Mit diesen Methoden steigern Sie Ihre Gewinne".

  Nicht: „Lassen Sie sich vom Produkt xy überzeugen".
  Sondern: „Geben doch zu: Ihr Bauch sagt längst Ja".

  Nicht: „Die Banken führen ein Unternehmensrating ein".
  Sondern: „Haben Sie von Ihrer Bank auch nur eine Drei bekommen?"

- Vermeiden Sie lange Wörter.
  Einfache und kurze Wörter prägen sich leichter ein. Denn: Der Leser muss die Überschrift und die einzelnen Textblöcke sowohl optisch als auch inhaltlich auf den ersten Blick erfassen können.
  Also: Verdichten Sie Ihre Formulierungen.

  Kompliziert: „Kostenrückerstattung"
  Verständlich: „Geld-zurück-Garantie"

  Kompliziert: „Die Kreditvergabe durch Banken wird erschwert."
  Verständlich: „Das Geld wird knapper - Kredite werden teurer - Pleiten drohen."

- Nutzen Sie Verben statt Substantive.
  Sie wollen den Leser dazu animieren, dass er sein Verhalten ändert und nach dem Lesen des Mailings aktiv wird. Formulieren Sie deshalb auch

aktiv. So können Sie den Leser mit einbeziehen und der Text wirkt dynamischer. Passive Formulierungen rufen hingegen immer einen unpersönlichen, distanzierten Briefstil hervor.

Passiv: „Ich schaffe Ihnen Möglichkeiten."
Aktiv: „Ich ermögliche Ihnen."

- Vermeiden Sie Beamtensprache .
  Dieser Stil wird bewusst eingesetzt, um Distanz und Neutralität zu wahren.
  Genau dies ist ja nicht das Ziel Ihrer Werbebotschaft.
  Ersetzen Sie alle unverbindlichen „Wir-Floskeln" durch persönliche Formulierungen. Denken Sie daran: Eine Person schreibt einer anderen Person - so bauen Sie Vertrauen auf.

  Unpersönlich: „Wir würden uns freuen, wenn Sie unser Angebot einer Prüfung unterziehen könnten."
  Persönlich: „2 gute Gründe für Sie, jetzt sofort zu antworten:
  - Sie sichern sich den besonders günstigen Einführungspreis.
  - Nur jetzt erhalten Sie gratis einen Extra-Satz dazu.
  Senden Sie die vorbereitete Bestellkarte deshalb jetzt gleich zurück. Einfach unterschreiben und ab in die Post."

- Formulieren Sie positiv.
  Vermeiden Sie konsequent alle negativ besetzten Wörter oder Formulierungen - insbesondere im Angebotsteil Ihres Werbebriefs.

  Beispiele für positive und negative Begriffe:

  Positiv: profitieren Sie, noch heute, einmalig, Ihre Vorteile, exklusiv, persönlich, speziell für Sie, gratis, Erfolg, einsparen, günstig.

  „Rückengymnastik für Ihre Mitarbeiter senkt die ausfallbedingten Kosten um 18 Prozent. Wenn Sie diese 18 Prozent zukünftig auch einsparen möchten, rufen Sie mich an."

  Negativ: Problem, Wartezeit, benötigen, Verständnis, Nachteil, verlieren .

- Benutzen Sie eine bildhafte Sprache statt abstrakter Begriffe.
  Lassen Sie Bilder im Kopf des Kunden entstehen - nur so können Sie ihn vom Nutzen Ihres Angebotes überzeugen. Und nicht mit der nüchternen Beschreibung der technischen Möglichkeiten Ihres Produktes.

Abstrakt:: „Mit unserem Produkt xy tun wir etwas für Ihre Sicherheit."
Bildhaft: „Mit unserem Produkt xy können Sie wieder ruhig schlafen."

Abstrakt:: „Unser Produkt weist eine geringe CO_2-Emission auf."
Bildhaft: „Mit unserem Produkt leben Sie aktiv Verantwortung."

Abstrakt : „Heizungsinstallation zu niedrigen Kosten."
Bildhaft: „Alles geht einfach, sauber und schnell. Und die Kosten bleiben im Keller."

Vor dem Hintergrund der gewonnenen Erkenntnisse über die Formulierung verkaufsfördernder Texte könnte ein Werbebrief so aussehen :

Praxisbeispiel:

Angebots-Mailing an bestehende Adressen von Seminarteilnehmern (Fachkräfte in Immobilienverwaltungen).
Ziel: Steigerung der Buchungszahlen und Profilierung als Spezialseminar-Anbieter.

Kosten sparen bei Handwerkerrechnungen:
Wir zeigen Ihnen wie!

Sehr geehrter Herr........,

ärgern Sie sich immer wieder über sachlich unbegründete Posten in Handwerkerrechnungen? Haben Sie manchmal auch das Gefühl, überzogene Forderungen nicht zu erkennen und abwehren zu können?

Damit ist es jetzt vorbei.

In unserem Kompaktseminar „Handwerkerrechnungen" lernen Sie alles, was Sie bei Auseinandersetzungen mit Dienstleistungspartnern brauchen.

Die Pluspunkte unseres Seminars:

- Einführung in die Rechtsgrundlagen - das erweitert Ihre Kompetenz.

- Praktikable, individuelle Lösungen - das spart Ihnen Zeit.

- Grundlagen sach-und fachgerechter Überprüfung bei der Abrechnung von Leistungen - das spart Ihnen Geld.

Das alles für .... Euro pro Teilnehmer. Also ein echtes Sparprogramm.

Buchen Sie gleich mit beiliegendem Antwortfax.
Wir wünschen Ihnen einen erfolgreichen Tag.

Unterschrift
(Name und Funktionsbezeichnung)

PS: Übrigens: Bei Buchung des Seminars bis zum... erhalten Sie 20 % Rabatt pro Teilnehmer.

Checkliste: Werbebriefgestaltung

- Haben Sie beim Texten auf Klarheit, Kürze und einfache Formulierungen ohne viele Fremdwörter geachtet?

- Haben Sie Erscheinungsbild und Lesefreundlichkeit Ihres Werbebriefs überprüft?

- Erleichtern Sie dem Empfänger das Lesen, indem Sie eine gut lesbare Schrift und ausreichende Schriftgröße (10 Punkt oder 12 Punkt) wählen?

- Haben Sie Ihren Werbebrief auf eine Seite DIN A4 beschränkt?

- Nutzen Sie eine bildhafte Sprache mit anschaulichen Beispielen?

- Nutzen Sie positive Formulierungen, die beim Leser angenehme Assoziationen auslösen (zum Beispiel profitabel, ertragreich, sicher, dynamisch etc.)?

- Haben Sie Fragen oder Dialoge eingesetzt, um den Text aufzulockern und persönlicher zu gestalten?

- Haben Sie sich auf kurze Absätze beschränkt?

- Wurde daran gedacht, für Ihren Werbebrief Flattersatz statt Blocksatz zu wählen?

- Haben Sie Schwerpunkte bei den wichtigsten Aussagen gesetzt (zum Beispiel durch Unterstreichungen, Fettdruck oder herausgestellte Sätze)?

- Haben Sie Ihren Werbebrief korrekt datiert (keine Floskeln wie „im Sommer 2004") sowie Ort und persönliche Anrede integriert?
- Motiviert die Headline zum Weiterlesen?
- Wurde der Leser so persönlich wie möglich angesprochen (personalisierte Anrede und „Sie-Sprache")?
- Ist Ihnen ein spannender Einstieg in den Werbebrief gelungen?
- Haben Sie bei Ihren Angebot herausgehoben, was daran einzigartig ist?
- Versprechen Sie dem Leser in Ihrem Werbebrief einen eindeutigen Zusatznutzen?
- Haben Sie am Briefende an einen Reaktionsverstärker gedacht, der den Leser animiert, schnell zu handeln?
- Ist Ihnen eine nichtalltägliche Grußformel eingefallen?
- Erscheint unterhalb der Grußformel die Unterschrift, Vor-und Zuname sowie die Funktion oder der Titel des Unterzeichners?
- Im Falle eines PS: Bieten Sie Ihren Kunden damit einen zusätzlichen persönlichen Nutzen oder ein weiteres unverwechselbares Verkaufsargument?

3.2 Die Versandhülle: Erfolgsfaktor Neutralität

An der Frage, ob das Kuvert, in dem ein Mailing versandt wird, einen neutralen Charakter haben oder als Werbepost erkennbar sein soll, scheiden sich die Geister in der Direktwerbebranche.

In der Praxis spricht allerdings einiges für die neutrale Gestaltung, insbesondere bei Mailings an Unternehmen - und das aus mehreren Gründen:

- Auf Versandhüllen mit auffälliger Beschriftung oder Aufklebern fällt in den Unternehmen niemand mehr herein. Sie werden sofort als Werbung identifiziert und wandern meistens in den Papierkorb.

- In größeren Unternehmen wird die Post vom Sekretariat geöffnet. Der Empfänger bekommt das Kuvert in der Regel nicht zu sehen - eine besondere optische Gestaltung verpufft somit.

Empfehlenswert ist es daher, eine neutrale Versandhülle für Ihren Werbebrief zu nutzen, zum Beispiel einen Fensterumschlag, wie er in der geschäftlichen Korrespondenz genutzt wird. Integrieren Sie Ihr Unternehmenslogo, verzichten Sie aber auf Texte mit reißerischen Inhalten.

Einen Aspekt sollten Sie allerdings in jedem Fall berücksichtigen: Die Aufmachung des Kuverts ist wie die Gestaltung des Werbebriefs auch abhängig von der Zielgruppe.

Versenden Sie Ihr Mailing an einen exklusiven Zielkundenkreis, so können Sie Ihrem Mailing durch die Gestaltung des Kuverts einen persönlichen Charakter verleihen - wie das folgende Beispiel zeigt:

Praxisbeispiel:

Ein Heizungs-und Klimatechnikbetrieb macht mit einem Mailing an die Zielgruppe „Ärzte" auf seine Produkte und Serviceleistungen aufmerksam.

Um dieser Kundengruppe zu signalisieren, dass sie für diesen Betrieb nicht zur Masse zählen, sondern dass sie besonders geschätzt werden, kommt folgende Umschlaggestaltung beim Erstkontakt zum Einsatz:

- weiße Umschläge ohne Fenster und handschriftliche Anschrift auf dem Umschlag

- kein Freistempler, sondern Briefmarken

Keine Regel ohne Ausnahme

Verschicken Sie eine Einladung zu einer Messe, zu einem Workshop oder zu einer Produktpräsentation, sollten Sie auf die Versandhülle das Wort „Einladung" drucken.

Denn: Eine Einladung bedeutet Zugang zu einem exklusiven Personenkreis und es gibt Informationen mit Nutzwert.

Da die so genannten Teaser-Aufdrucke wie zum Beispiel „Einladung" oder „Eine wichtige Mitteilung für Sie als Kunde" eine bestimmte Erwartungshaltung wecken, muss der Inhalt des Mailings auch halten, was das Kuvert verspricht: Zum Beispiel sollte eine Eintrittskarte für die Messe beiliegen. Oder im Rahmen einer Produktpräsentation oder eines Workshops sollten die Übernachtung und die Bewirtung vom Unternehmen übernommen werden.

Versenden Sie Ihr Mailing an die Zielgruppe „Privatkunden" und entscheiden Sie sich, Ihre Versandhülle zu gestalten, so berücksichtigen Sie zwei Aspekte:

- Die Gestaltung des Kuverts muss zum Inhalt des Mailings passen.
- Der Umschlag muss neugierig auf den Inhalt machen.

Formulierungsbeispiele:

„Ihre Meinung als Student interessiert uns!"
„Kostenloses Angebot - nur 14 Tage gültig"
„Vorteilspreis für Schnellantworter"
„Wie Sie Ihr Vermögen jetzt aufbauen, vermehren und wirksam schützen"

3.3 Die Werbeantwort: Das große Ja ist das Ziel

Wurde der Leser mit stichhaltigen Argumenten im Werbebrief überzeugt, will er auch sofort reagieren können. Gelegenheit dazu bietet eine dem Mailing beiliegende Antwortmöglichkeit.

Wir haben es bereits skizziert: Das A und O bei einem Mailing ist es, die Reaktionsmöglichkeiten für die Empfänger so einfach wie möglich zu gestalten.

Für den Aufbau einer Werbeantwort sollten folgende Anforderungen erfüllt sein:

- Die Antwortkarte sollte auch deutlich als solche gekennzeichnet sein.
- Die Antwortmöglichkeiten müssen vorgegeben sein. Sie müssen für den Kunden in kurzer Zeit ohne großen Aufwand zu erledigen sein.
- Antwortkarten,-briefe und -faxe sind die dafür geeigneten Instrumente.
- Wenn möglich, alle auszufüllenden Elemente auf einer Seite der Werbeantwort integrieren.
- Die Werbeelemente sollten mit einem Werbecode versehen werden; Kundennummer, wenn vorhanden, integrieren (zur Erfassung und Auswertung der Mailing-Aktion), Freimachungsmöglichkeiten (Freistempler etc.) müssen berücksichtigt werden.
- Bei Privatkunden sollte das Antwortfax so gestaltet sein, dass es von den Empfängern auch per Post zurückgeschickt werden kann. Denn: Bei dieser Zielgruppe ist es nicht sicher, dass jeder ein Faxgerät besitzt. Legen Sie also einen adressierten Rückumschlag bei. Bei Mailings an Unternehmen können Sie hingegen sicher sein, dass ein Faxgerät vorhanden ist. Dort spielt also ein Rückumschlag keine Rolle.
- Der Aufdruck „Das Porto zahlen wir für Sie" ist nur bei Mailings empfehlenswert, die zum Beispiel eine Kundenbefragung zum Ziel haben - also eine Aktion ohne unmittelbaren Mehrwert für den Kunden. In allen anderen Fällen ist es für den Kunden zumutbar, das Porto selbst zu bezahlen. Wenn der Kunde wirklich von Ihren Angebot überzeugt werden konnte, ist in der Regel das Porto kein Problem für ihn .
  Und: Bei Prospektanforderungen können Sie so die „Prospektsammler" aussondern.
- Setzen Sie immer Ihre vollständigen Kontaktdaten auf die Werbeantwort.

  Häufig behalten Kunden oder Interessenten gerade nur dieses Werbemittel, insbesondere um auch später noch auf die Angebote reagieren zu können.

- Wenn der Absender vom Kunden eingetragen werden muss: genügend Platz freilassen. Kundenfreundliche Variante: Die Kundenadresse ist bereits eingedruckt.

- Werbeantworten müssen vom Empfänger nicht unterschrieben werden. Anders sieht es bei Bestellformularen aus. Sie müssen unterschrieben werden, mit einer zusätzlichen Unterschrift des Bestellers für das Widerrufsrecht.
  Hinweise zum Rückgaberecht und zu den Bestellbedingungen sollten auf einer Bestellkarte ebenfalls vermerkt werden.

- Der Werbebrief muss die Überzeugungsarbeit leisten. Daher reichen bei der Gestaltung der Werbeantwort einfache optische Elemente zur Wiedererkennung aus.
  Versuchen Sie, die möglichen Antworten positiv zu formulieren.

Wie eine Werbeantwort aussehen könnte, zeigt das Beispiel einer kleineren PR-Agentur anläßlich der Mailing-Aktion an potentielle Kunden.

Beispiel: Antwort-Fax

Antwort-Fax:

Ja, ich interessiere mich für die komm**unikate** Sommer-Offensive 2004.

☼ Ich möchte folgende Texte von Ihnen überarbeiten lassen:
- Akquisebrief
- Kundenbrief
- Einladungsschreiben
- Mailings
- Presseartikel
- Kundenzeitschrift
- Newsletter
- Werbeanzeige
- Stellenanzeige
- Image-Broschüre
- Internet-Auftritt (www._____.____)
- Sonstiges: _____

☼ Ich möchte mich über Ihr Angebot noch näher informieren.

Bitte rufen Sie mich an: 0_____ : _____

☼ Ich nehme Ihr Schnupper-Angebot an und sende Ihnen per eMail meinen Entwurf an info@kommunikate.de.

☼ Ich möchte meine Positionierung im Markt grundsätzlich überprüfen und bitte deshalb um Kontaktaufnahme unter Tel.: 0_____ : _____
oder per eMail: _____@_____.____

Texte, die wirken – kommunikate

Ab dem 6. April 2004 ist komm**unikate** unter folgender Adresse erreichbar:
komm**unikate** GmbH • Frankfurter Allee 18a • 65835 Liederbach am Taunus
✆: 0 69 / 34 82 59 – 0 • 📠 0 69 / 34 82 59 – 13
In dringenden Fällen sind wir so (fast) immer erreichbar: 01 72 / 9 43 73 06

3.4 Der Prospekt: Informationen schnell und knapp

Ein Mailing kann sehr unterschiedlich aussehen. Es kann aus einem Brief mit Antwortkarte oder -fax, einem persönlichen Brief an Stammkunden oder aber aus einem Werbebrief mit Antwortkarte und beigelegtem Prospekt bestehen.

Ist Ihr Hauptwerbemittel für die Bekanntgabe Ihrer Produkte oder Dienstleistungen ein Prospekt, so sollen Ihnen im Hinblick auf das Inhaltskonzept die folgenden Tipps helfen, einen Prospekt zu gestalten, der auch erfolgreich verkauft.

Auf den Inhalt kommt es an

Wenn man sich Prospekte und Flyer genauer ansieht, fällt häufig auf: halbleere Seiten, inhaltsleere Slogans, aber fast immer auf hochwertigem Papier und im Vierfarbdruck hergestellt. Schade ums Geld! Denn: Der teuerste und aufwendigste Prospekt wird für Ihr Unternehmen nichts bewirken, wenn sein Inhalt nicht stimmt.

Die nachfolgende Übersicht gibt Ihnen im Hinblick auf die inhaltlichen Überlegungen wichtige Hinweise:

- Titelseite

Geben Sie Ihrem Prospekt einen Titel, der auf den wichtigsten Kundennutzen hinweist - transportieren Sie einen ersten Vorteil. Der Titel „Wir über uns" erzeugt nicht gerade den emotionalen Ansporn zum Weiterlesen.

- Kapazität des Unternehmens

Mitarbeiterzahl, Partnernetzwerk, besondere Branchenkontakte

- Managementteam

Wer steht hinter dem Unternehmen? Statements der Gründer verdeutlichen Unternehmensvisionen

- Leitbild

Zu welchen Werten steht das Unternehmen?

- Leistungsprogramm

Bei der Darstellung der Dienstleistungen und Produkte sollten der Kundennutzen und die Kompetenz im Vordergrund stehen: Problemlösungen, besondere Konzepte und Erfolgsstorys, wie Kunden bei Problemlösungen geholfen wurde.

Kunden und Projekte
Lassen Sie Ihre Kunden sprechen: Abdruck von Statements zufriedener Kunden

Anhaltspunkte für die Planung Ihres Mailing-Prospektes ergeben sich aus folgendem Beispiel:

Der Umfang:

Planen Sie den Umfang Ihres Werbemittels. Wollen sie einen mehrseitigen DIN A4-Prospekt oder ein mehrfach gefaltetes Leporello? Beachten Sie dabei das Papiergewicht - Empfehlung: zwischen 65g/qm und 100g/qm (Siehe S. 64)

Der Umfang

Planen Sie den Umfang Ihres Werbemittels. Wollen sie einen mehrseitigen DIN A4-Prospekt oder ein mehrfach gefaltetes Leporello? Beachten Sie dabei das Papiergewicht - Empfehlung: zwischen 65 g/m2 und 100g/m2.

A4 mehrfach gefaltet

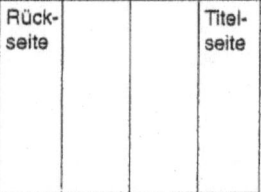

2x A3 auf A4 gefaltet

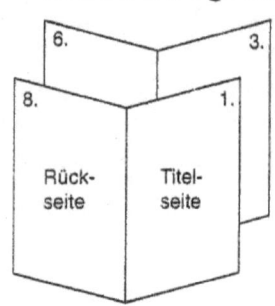

2x A4 quer

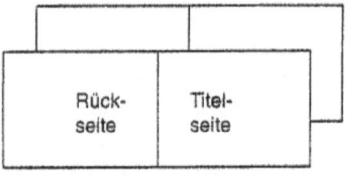

Die Aufteilung

Was wollen Sie sagen? Wieviel wollen Sie sagen? Wie soll es auf die geplanten Seiten verteilt werden? Wenig Text und viele Fotos oder höherer Textanteil und wenige Fotos? Es sollte ein ausgewogenes Gesamterscheinungsbild aus Text und Fotos entstehen, unter Berücksichtigung eines logischen Aufbaus.

Achten Sie auf eine großzügige und klar strukturierte Gestaltung, entsprechend dem Format.

Die Titel- und Rückseite

Sie muss klar als solche erkennbar sein. Die Rückseite sollte Anfahrtsskizzen und alle Kontaktdaten enthalten. Denken Sie vor allem daran, Ihr Unternehmenslogo und Ihre Adresse zu integrieren.

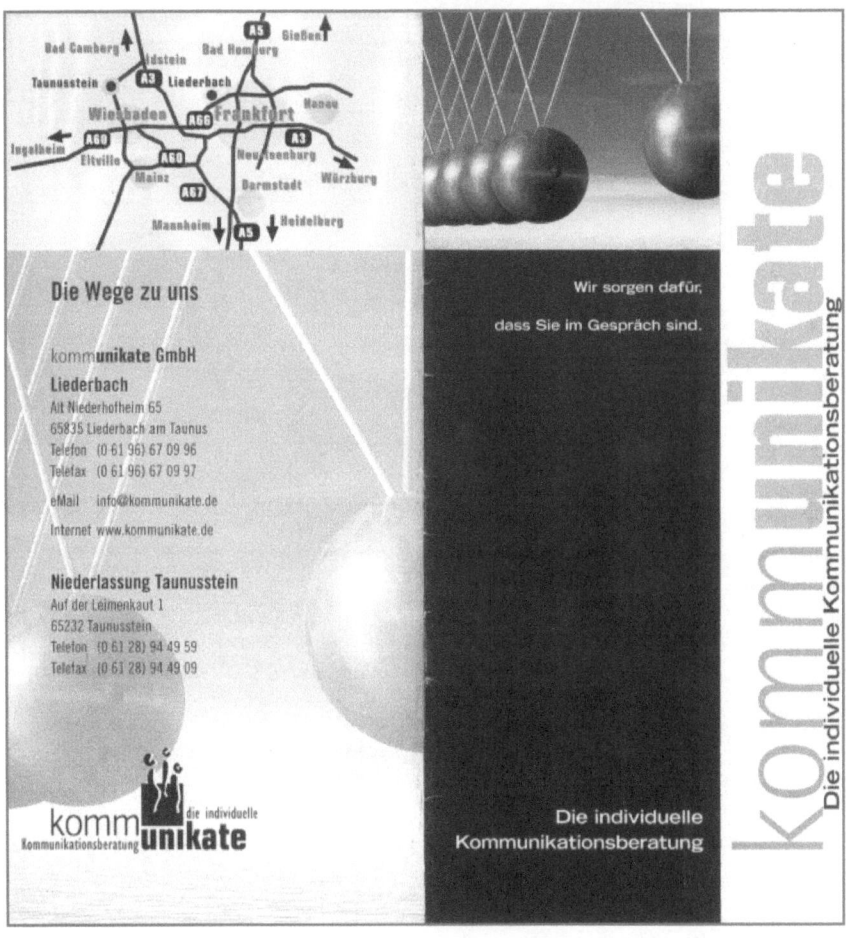

Die Innenseiten

Der Text sollte Ihre Kunden informieren. Die Überschriften sollten logisch durch den Prospekt führen, keine zu langen und komplizierten Sätze - das hemmt den Lesefluss. Achten Sie auf eine gut lesbare Schrift.

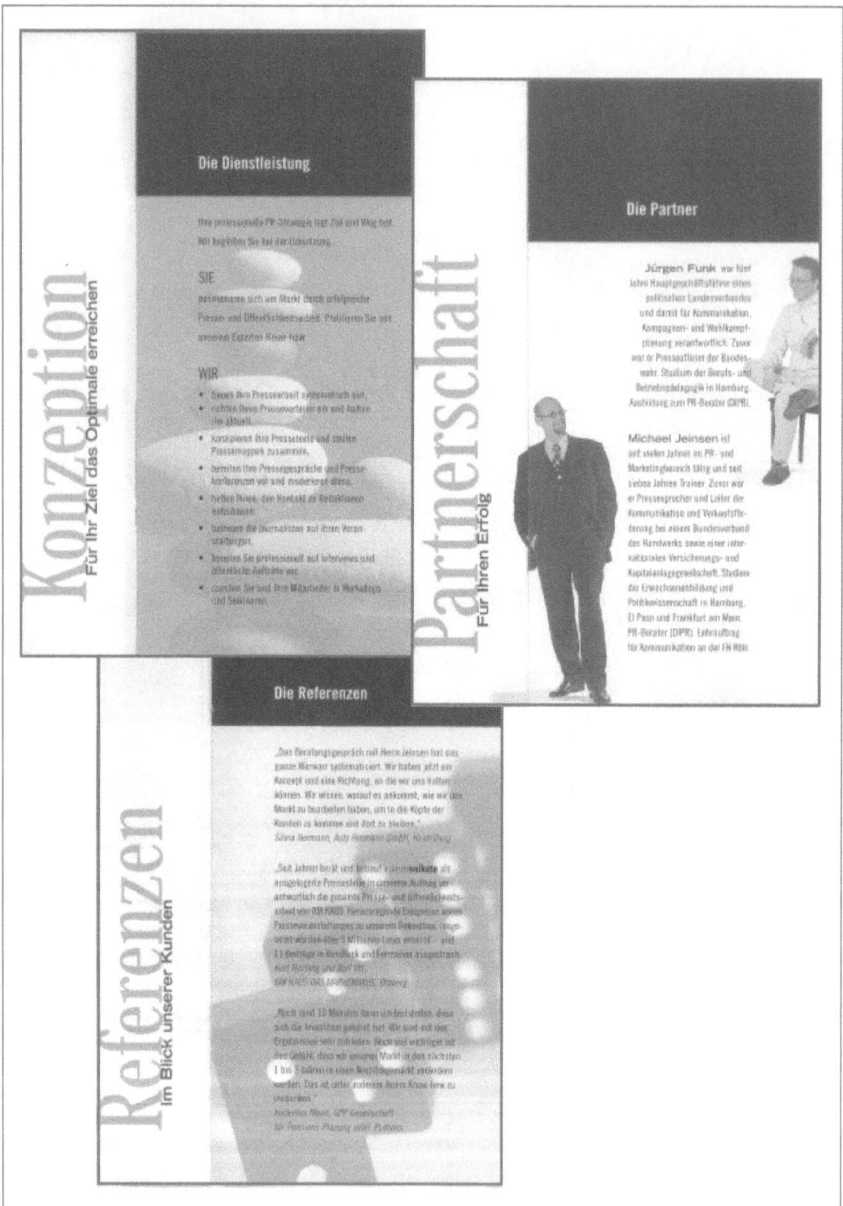

3.5 Gut beraten mit Dienstleistungsunternehmen: Direktmarketing-Beratung/ Deutsche Post AG - Lettershops

Sie sind nun bestens gerüstet: Sie wissen, was Sie bei der Planung und Entwicklung Ihrer Mailing-Aktion beachten müssen und Sie können Werbebriefe wirkungsvoll konzipieren. Da ist möglicherweise die Neigung groß, viele Arbeitsschritte im Rahmen der Produktion und Weiterverarbeitung selbst zu erledigen.

Um jedoch ein Höchstmaß an Professionalität zu gewährleisten, ist es empfehlenswert, bei der Umsetzung und Durchführung von Mailing-Aktionen auch Fachleute hinzuzuziehen. Hierzu zählen auf Direktwerbung spezialisierte Werbeberater/Grafiker ebenso wie Druckereien und Dienstleister für die Weiterverarbeitung.

Zur Zusammenarbeit gehören zwei

Die Unterstützung durch Direktwerbefachleute gestaltet sich in der Regel reibungsloser, wenn Sie einige in der Praxis bewährte Regeln beachten:

- Vor der Zusammenarbeit mit Dienstleistern sollten Sie sich Arbeitsproben (zum Beispiel Mailing-Muster, konfektionierte Mailing-Teile, Druckmuster) zeigen lassen.

- Ein kompetentes Briefing mit Vorgaben und Themenstellung sowie detaillierte Informationen über Ihr Unternehmen (Marktstellung, Image, Angebot, Kunden und Mitbewerber) ist die Basis für eine erfolgreiche Zusammenarbeit.

- Dienstleister sind keine frei verfügbaren Unternehmen, sondern Geschäftspartner auf Dienstleistungsebene. Entscheidend ist deshalb eine reibungslose Organisation. Festgelegte Gesprächs- und Projekttermine sollten unbedingt eingehalten werden.

- Es empfiehlt sich, für einzelne Dienstleistungsbereiche mehrere Angebote einzuholen, um Preistransparenz für abgegrenzte Arbeitsgänge zu erzielen.

Direktmarketing-Beratung bei der Deutschen Post AG

Eine gute Anlaufstelle für Ihre Fragen rund um Ihre Mailing-Aktionen sind die Direktmarketing-Center der Deutschen Post AG.

Dort Sind Informationen zu den aktuellen Posteinlieferungsbedingungen sowie zu den postalischen Vorgaben erhältlich, und die Berater unterstützen Sie - gemäß Ihren Anforderungen - bei der Planung Ihrer Aktion. Dieser Service ist kostenlos. Ergänzt wird das Angebot durch Seminare mit einem umfangreichen Programm, die besonders preisgünstig sind.

Und nicht zuletzt finden Sie in den Direktmarketing-Centern ein Dienstleisterverzeichnis für alle Anforderungen rund um Ihre Mailing-Aktivitäten: Vom Adressenverlag über Werbeagenturen bis zu Druckereien und Lettershops.

Lettershops · Dienstleister für die Weiterverarbeitung

Die Weiterverarbeitung stellt die letzte Stufe in der Produktion des Mailings dar. Zu den klassischen Arbeitsgängen, die in der Regel von spezialisierten Dienstleistungsunternehmen - den sogenannten Lettershops - übernommen werden, gehören:

- Adressieren
- Schneiden von gefalzten Werbemitteln
- Falzen
- Zusammenführen von mehreren Mailing-Teilen
- Kuvertieren von gefalzten Werbemitteln in Versandhüllen
- Frankieren, Bündeln, Postaufliefern.

Die Inanspruchnahme eines Lettershops ist in der Regel bei höheren Auflagen sinnvoll, da dann Preise für die entsprechenden Dienstleistungen angeboten werden können, zu denen Sie diese im eigenen Unternehmen niemals erbringen könnten - nicht zuletzt durch automatisierte Arbeitsabläufe, wie zum Beispiel durch eine Kuvertierstraße, die in einem Arbeitsgang bis zu drei Blatt falzt und kuvertiert.

> **Tipp:**
> Bei der Kuvertierung sollten Sie daran denken: Für die maschinelle Verarbeitung müssen alle zu kuvertierenden Mailing-Teile in der Länge mindestens 10mm und in der Breite mindestens 5mm kürzer sein als der Versandumschlag.

Preisbeispiele für Lettershop-Dienstleistungen

Beispiel 1:
- 1-seitiger Briefausdruck auf angelieferte Briefbögen
- Briefe auf DIN-Lang falzen
- Briefe in angelieferte Fenster-Langhüllen kuvertieren
- Brief frankieren und postaufliefern

Preis pro Brief: 0,12 Euro zuzüglich. MwSt. bei einer Auflage von 1000 Stück.

Beispiel 2:
- wie Beispiel 1, jedoch zusätzlich mit einer angelieferten und gefalzten Beilage kuvertiert

Preis pro Brief: 0,13 Euro zuzüglich MwSt. bei einer Auflage von 1000 Stück.

Beispiel 3:
- 1-seitiger Brief und Faxantwort auf angelieferte Briefbögen drucken
- Brief und Faxantwort falzen
- Zwei Teile in angelieferte Fenster-Langhüllen kuvertieren
- Briefe frankieren und postaufliefern

Preis pro Brief: 0,19 Euro zuzüglich MwSt. bei einer Auflage von 1000 Stück.

Beispiel 4:
- angelieferte Serienbriefe falzen und in Fenster-Langhüllen kuvertieren
- Briefe frankieren und postaufliefern

Preis pro Brief: 0,06 Euro zuzüglich MwSt. bei einer Auflage von 1000 Stück.

Infoservice · Wichtige Adressen

Direktmarketing-Center der Deutschen Post AG
Die Adresse der Center-Filiale in Ihrer Nähe erfahren Sie über
die Telefonnummer des Geschäftskunden-Service/ Deutsche Post AG,
Telefon: 01805-5555
Internet: www.deutschepost.de/direktmarketing.

Deutscher Direktmarketing-Verband (DDV), Wiebaden
Internet: www.ddv.de
Informationen rund um den Themenkomplex Direktmarketing.

www.wuv.de
Das Dienstleisterverzeichnis für Werbung und Kommunikation. Alles geordnet und übersichtlich: Druckereien und Dienstleistungsunternehmen für Direktwerbung.

www.lettershop-aussschreibung.com
Unternehmen aller Branchen haben hier die Möglichkeit, kostenlos die Weiterverarbeitung ihrer geplanten Mailing-Aktionen in jeder Größenordnung ausschreiben zu lassen.
Sie bekommen zielgenau und schnell Angebote geeigneter Lettershops, die Ihrem Angebotsprofil entsprechen.

4 Nachfassaktionen: Schriftlich oder telefonisch?

In der Praxis zeigt sich immer wieder, dass ein einmalig versandtes Mailing - sei es noch professionell vorbereitet - häufig keinen befriedigenden Rücklauf bringt. Die Gründe dafür sind vielfältig und wurden in den vorangegangenen Kapiteln bereits beschrieben.

Wenn der Erfolg eines ersten Mailings ausbleibt, stellt sich natürlich die Frage, inwieweit man mit gezielten Nachfassaktionen die sogenannte Responsequote, also die Anzahl der Antworten auf ein Mailing weiter steigern kann.

Dafür stehen Ihnen zwei Instrumente zur Verfügung, die je nach Anlass des Mailings, Adressenumfang sowie Produkt-und/oder Dienstleistungsangebot zum Einsatz kommen können: Das Nachfass-Mailing oder die Telefonaktion.

Dabei darf nicht außer Acht gelassen werden, dass Nachfassaktionen, insbesondere zum Beispiel eine zweite Aussendung an Ihre Kunden oder Interessenten, ein zusätzliches Budget notwendig machen - finanzielle Mittel, die Sie alternativ auch in eine neue Mailing-Kampagne mit qualitativ hochwertigeren Adressen investieren können.

Eine Nachfassaktion - schriftlich oder telefonisch - ist sinnvoll, wenn

- die Anzahl der anzuschreibenden oder anzurufenden Adressaten Ihre finanziellen, zeitlichen und personellen Ressourcen nicht übersteigt,
- es sich um hochwertige Adressen handelt (zum Beispiel, Sie informieren Ihre Stammkunden über Ihr Angebot),
- es einen wirklichen Anlass für einen zweiten Werbebrief gibt (zum Beispiel Hinweise auf Fristablauf bei Bestellungen oder aktuelle Produktbeurteilungen durch Referenzkunden).

Der zweite Werbebrief

Wenn Sie sich für eine schriftliche Nachfassaktion entscheiden, sollten Sie darauf achten, nicht die Schwächen Ihres eigentlichen Mailings mit einer zweiten Aussendung zu kaschieren.

Versuchen Sie nicht, zusätzliche Argumente nachzuschieben, sondern wiederholen Sie Ihre stärksten Verkaufsargumente des ersten Mailings, zum

Beispiel verpackt als Kundenbeurteilungen (siehe Praxisbeispiel).

Für den Aufbau des Nachfass-Mailings gilt: Verweisen Sie auf Ihr vorangegangenes Schreiben und konzentrieren Sie sich auf eine nachvollziehbare Nutzenargumentation. Formulieren Sie prägnant und griffig. Stellen Sie gegebenenfalls - zur Verbesserung der Reaktion Ihrer Kunden - einen besonderen Vorteil in Aussicht oder befristen Sie das Angebot und den speziellen Preis zeitlich.

So könnte ein Nachfass-Mailing aussehen:

Praxisbeispiel:

Bringen Sie Bewegung in Ihr Dokumentenmanagement-System
Mit dem xy-Produkt zum Informationserfolg

Sehr geehrter………,

was man für den Gipfel hält, ist oft nur eine Stufe - diese von Seneca stammende Erkenntnis gilt mehr denn je auch für die Beschaffung und Auswertung von Fachinformationen.

Aus diesem Grund wollen wir Sie heute an unser erstes Schreiben zum Dokumentenmanagement-System xy erinnern. Es ging darum, dass Sie prüften:

Welchen Nutzen bietet mir die Anwendung der xy-Produkte?

Namhafte Kunden schätzen bereits die gewinnbringenden Vorteile: „Das hervorragende Preis/Leistungsverhältnis, die überzeugende Professionalität sowie verlässliche Effektivität dieser Softwareprodukte erbringen bei uns großen Nutzen - Vereinfachungen und erhebliche Zeitersparnis - das ist für uns beste Innovation", so Dr…….. vom Unternehmen xy.

Oder Dr……. , z-Konzern : „xy-Product empowers our employees to easily access technical and commercial information…. and analyze this information for competitive advantages."

Diese erprobten Vorteile sollten Sie davon überzeugen, dass es sich auch für Sie lohnt, unsere xy-Produkte näher kennenzulernen. Fordern Sie per E-Mail Ihr Passwort für eine kostenlose Demoversion an. Ich freue mich auf Ihre Antwort und verbleibe
mit herzlichen Grüßen

Telefonisch nachfassen

Dem eigentlichen Werbebrief ein weiteres Nachfass-Mailing folgen zu lassen, ist natürlich nicht immer ein Garant für den Markterfolg. Erfolgversprechender kann es daher sein, statt dessen Interessenten und Kunden telefonisch zu kontaktieren. Denn: Die Telefonakquisition hat gegenüber Werbebriefen auch nicht zu unterschätzende Vorteile. Im direkten Dialog mit den Entscheidern können Sie Einwände gegen Ihr Angebot gezielt ausräumen und das Interesse für Ihr Unternehmen persönlich wecken.

Sie haben darüber hinaus die Chance, den potentiellen Kunden besser kennen zu lernen, gewinnen Erkenntnisse, wie er reagiert und können ganz individuell auf seine Argumente ingehen.

Vorbereitung ist das A und O

Erfolgreiches telefonisches Nachfassen ist nicht vom Zufall abhängig, sondern von einer professionellen Vorbereitung und dem Einsatz spezieller Fragetechniken. Welche Aspekte Sie dabei berücksichtigen sollten, zeigt die folgende Checkliste:

Checkliste: Gesprächsvorbereitung - telefonisches Nachfassen

- Wurde derjenige Ansprechpartner recherchiert, der auch entsprechende Entscheidungen treffen kann?
- Wird auf eine günstige Zeit zum Telefonieren geachtet?
- Sind die Beteiligten mit den Kundenunterlagen vertraut?
- Hat der Kunde bereits Erfahrungen mit dem Unternehmen gemacht?
- Welche Zielsetzung wird mit dem Telefonat verbunden (Kundenbindung, aktiver Verkauf, Vereinbarung eines Gesprächstermins)?
- Gibt es Hürden bei dem Gesprächspartner, die einem erfolgreichen Telefonkontakt im Wege stehen?
- Gibt es Informationen, die aus Konkurrenzgründen nicht veröffentlicht werden sollten?

> **Tipp:**
> Vermeiden Sie in Ihrem eigentlichen Werbebrief, Anrufe anzukündigen - der Kunde fühlt sich unter Druck gesetzt. Dies führt in der Regel bei ihm zu negativen Reaktionen.

Mit Fragetechniken zum Dialog

Ein wichtiges Element im Rahmen der Telefonakquisition ist der Einsatz der richtigen Fragen. Durch gezielte Fragen zeigen Sie Interesse an der Situation Ihres Gesprächspartners und können das Gespräch gemäß Ihren Zielen beeinflussen.

Folgende Frageformen können zum Einsatz kommen:

- Offene und geschlossene Fragen

Mit offenen Fragen geben Sie dem Gesprächspartner breiten Raum für eine detaillierte Antwort mit einer Fülle an Informationen.

Beispiel: „Welche Erfahrungen haben Sie bisher mit unserem Kundenservice gemacht?"

Im Gegensatz dazu erlaubt eine geschlossene Frage nur bestimmte Antworten wie Ja und Nein - geeignet für gezielte Informationen.

Beispiel: „Haben Sie unseren Brief mit dem Produktprospekt bereits erhalten?"

- Fragen zur Entscheidungshilfe

Geben sie Ihrem Gesprächspartner Alternativen vor, damit er nicht das Gefühl bekommt, „überfahren" zu werden - gut geeignet für Terminvereinbarungen.

- Suggestivfragen

Sie stellen ein wichtiges Mittel dar, um Kunden und Interessenten auf ein Thema einzustimmen.

Beispiel: „Glauben Sie nicht auch, dass der Einsatz einer effektiven Vertriebssoftware mehr Zeit für wirkliche Verkaufsgespräche schafft."

Tipp:

Wenn Sie am Telefon Ihr Unternehmen und den Nutzen Ihrer Produkte oder Dienstleistungen verkaufen wollen, ist geschicktes Argumentieren vonnöten. Formulieren Sie Argumente prägnant und verständlich. Beschreiben Sie dem Gesprächspartner den Nutzen Ihres Angebotes für seine Arbeits- oder Lebenssituation. Weisen Sie auf Referenzen und positive Erfahrungen anderer Kunden mit Ihren Produkten hin.

5   Neue Wege zur Kundenbindung: Dialog pur mit E-Mailings

Das Schicksal eines Unternehmens entscheidet sich auf seinen Märkten. Unter erschwerten Marktbedingungen - dynamische Märkte, globaler Wettbewerb, hoher Innovationsdruck - wird sich auch das Marketing in kleinen und mittleren Unternehmen verändern müssen: Von der Angebotsorientierung hin zur Kundenorientierung. Dabei muss die Gestaltung von Kundenbeziehungen aktiv und professionell zur Differenzierung gegenüber den Mitbewerbern eingesetzt werden, um sich in der Zukunft erfolgreich behaupten zu können.

Neben dem klassischen Mailing per Brief, das auch zukünftig eine dominierende Rolle in der direkten Kundenkommunikation spielen dürfte, steht mit E-Mailing ein zusätzliches, faszinierendes Instrument der Verkaufsförderung und Kundenbindung zur Verfügung.

Es bietet die Chance, als ergänzendes Medium mit Kunden und Interessenten direkt und dialogorientiert ohne Streuverluste zu kommunizieren - mit positiven Auswirkungen auf die gesamte Kundenorientierung des Unternehmens.

Diese Art der Kundenkommunikation bietet zweifellos eine Reihe von Vorteilen, die bei der Mailing-Planung berücksichtigt werden sollten.

Vorteile des E-Mailings:
Geringe Kosten · hoher Response · präzises Marketing-Controlling

Im Gegensatz zu klassischen Mailings fallen bei E-Mailings keine Druck,- Papier- und Portokosten an, sondern vergleichsweise geringe Kosten für Softwarelizenzen und Providergebühren.

Interaktive Elemente wie Umfragen können schnell realisiert werden. So bietet es sich beispielsweise an, Kunden, die per E-Mailing über neue Produkte informiert wurden, zu fragen, ob diese Art der Werbung von ihnen akzeptiert wird - damit vermeiden Sie in der Zukunft Streuverluste.

Weil es einfach und komfortabel ist, in einem E-Mailing einen Hyperlink anzuklicken, liegen in der Regel auch die Responseraten deutlich über denen klassischer Mailing-Aktionen. Während die Kunden bei Werbebriefen ein Antwortformular per Fax oder eine Postkarte verschicken müssen, genügt beim E-Mailing ein Mausklick.

Anders als bei normalen Mailing-Aktionen mit entsprechenden Produktionszeiten können E-Mailings auch kurzfristig realisiert werden. Innerhalb weniger Minuten nach dem Absenden ist das E-Mailing beim Kunden.

Beim klassischen Mailing ist die Erfolgsmessung häufig aufwendig - Marketingerfolge sind bei vielen Aktionen manchmal nur ungenau zuzuordnen. Anders bei E-Mailings:

In Echtzeit gemessen werden können die Anzahl bereits versandter E-Mails, die Zahl der Rückläufer sowie die Anzahl der Klicks auf Hyperlinks. Sämtliche Marketingdaten stehen für eine Auswertung zur Verfügung - ohne weitere Marktforschungsaktionen.

Einsatzmöglichkeiten des E-Mailings

Aktionsbezogene E-Mailings können als aktuelles und kostensparendes Informationsmedium zur Kundenbindung beitragen sowie Kaufanreize schaffen. In Ergänzung zu klassischen Mailings per Werbebrief sind sie für unterschiedliche Anlässe einsetzbar :

- Verkauf eines Produktes oder einer Dienstleistung
  (Sonderangebote, limitierte Auflagen, Lagerbestände)
- Einladung zu einer Veranstaltung
  (Messen, Vorträge, Workshops)
- Vorstellung einer neuen Persönlichkeit im Unternehmen
- Vorstellung des regelmäßig erscheinenden E-Mail-Newsletters zur Aktivierung neuer Abonnenten
- Marktforschung: Befragungen von Stammkunden zu Produkten und Service
- Bekanntmachung von Terminen
  (Chat-Termin mit Geschäftsführer, Pressegespräch)
- Veröffentlichung von aktuellen Unternehmensinformationen
  (Pressemeldungen, neue Kooperationen)
- als Nachfassaktionen nach klassischen Mailings

5.1 Worauf Sie bei E-Mailings achten sollten

Das E-Mailing gehört zu den preiswerten Instrumenten, wenn es um die Pflege bestehender oder bereits angebahnter Kundenbeziehungen geht.

Zur Gewinnung von neuen Kunden ist das Medium nicht unbedingt geeignet. Und dies aus mehreren Gründen: Ein Mailing via E-Mail wird häufig noch gleichgesetzt mit dem Werbebrief per Post. Was bei der Direktwerbung normal ist - Adressen kaufen oder mieten und dann die Mailing-Aktion starten - beim E-Mailing ist dies nicht erfolgversprechend.

Unabhängig von der geringen Resonanz - nahezu jeder Empfänger ist abgestumpft durch Werbemails - besteht in Deutschland ein Verbot, unaufgefordert Werbebotschaften per E-Mail zu versenden. Weder Privatpersonen noch Unternehmen dürfen auf diese Weise angeschrieben werden. Es gibt nur eine Ausnahme, nämlich wenn bereits eine Geschäftsbeziehung besteht. Die Rechtsprechung tendiert schon lange in diese Richtung und die neue EU-Datenschutzrichtlinie für elektronische Kommunikation legt sie jetzt auch europaweit fest.

5.1.1 Permission-Marketing statt Adressenkauf

E-Mailing ist nur dann erfolgreich, wenn es Ihnen gelingt, erwünschte E-Mails, die sogenannten permission-based E-Mails zu versenden. Voraussetzung ist das vorab übermittelte Einverständnis des Kunden zur Adressennutzung und zum Empfang der Botschaften.

Am einfachsten erhalten Sie diese Erlaubnis, indem Sie Informations- und Servicebausteine auf Ihrer Internetseite anbieten. Viele Unternehmen lassen wertvolle Interessenten, die auf deren Internetseite kommen, einfach wieder von dannen ziehen - ohne zu fragen: Sind Sie auch in Zukunft an Informationen interessiert?

Tipp:

Bieten Sie Ihren Interessenten an, sie über aktuelle Produktentwicklungen, Angebote und Unternehmensaktivitäten auf dem Laufenden zu halten. Wichtig ist, nicht nur nach der E-Mail-Adresse zu fragen, sondern der entsprechende Eingabe-Button muss von den Besuchern der Website auch wahrgenommen werden. Installieren Sie das Eingabefenster für die E-Mail-Adresse auf Ihrer Startseite so, dass es jeder Besucher sieht.

Ein weiterer gangbarer Weg, die Erlaubnis zur Adressennutzung zu erhalten, ist die Möglichkeit, auf der eigenen Startseite ein Feld zu installieren, auf der die Interessenten ihre E-Mail-Adresse eingeben können, um einen elektronischen Newsletter zu abonnieren. Allerdings: Entscheidend für die Bereitschaft, die E-Mail-Adresse einzugeben, ist der vom Kunden erwartete Nutzen eines derartigen Informationsangebots.

Der Nutzen besteht in:

- exklusiven Angeboten oder Informationen, die Abonnenten vor anderen Kunden und Interessenten erhalten,
- exklusiven Tips und /oder Expertenmeinungen,
- Bewertungen neuer Technologien und Trends,
- Informationen über Kooperationen,
- Checklisten oder Problemlösungen einzelner Kunden, die auch anderen Anwendern nutzen.

Freiwilligkeit ist das A und O

Ein wichtiger Erfolgsfaktor von Permission-Marketing ist die Möglichkeit, Informationsangebote jederzeit mit einem Mausklick wieder abbestellen zu können. Ein Kunde, dem bewusst ist, dass er den Newsletter auch wieder abbestellen kann, wird eher bereit sein, weitere Ausgaben zu akzeptieren.

> **Tipp:**
>
> Daran sollten Sie denken, um Fehler zu vermeiden:
>
> **Keine Erlaubnis**
> Häufig wird versäumt, sich für die Zusendung von E-Mails oder Newsletter vorab die Erlaubnis der Empfänger einzuholen. Wichtig: Keine E-Mail- oder Newsletter-Werbung ohne ein Feld mit An-und Abmeldemöglichkeit auf der Internetseite.
>
> **Verletzung des Datenschutzes**
> Wer Kundendaten erhebt, muss erklären, was er mit diesen Informationen vorhat. Eine personenbezogene Auswertung ist nur mit, eine anonyme Auswertung aber auch ohne Erlaubnis möglich.
>
> **Impressum unvollständig**
> Jede Werbe-Mail und jeder Newsletter muss den Urheber deutlich machen - mit Namen/ Firmennamen, Adresse und Telefonnummer.

5.1.2 E-Mailings verkaufswirksam gestalten

In der Praxis zeigt sich immer wieder, dass es bei der Gestaltung von E-Mailings aufgrund der schnellen technischen Umsetzung und kurzer Vorlaufzeiten beim Versand, leicht zu „Schnellschüssen" kommt. Dies geht häufig zu Lasten der inhaltlichen Qualität - mit folgenreichen Konsequenzen für die Kundenkommunikation: Flapsige Formulierungen oder komplizierte Abhandlungen können einer Kundenbeziehung eher schaden.

E-Mailings erfordern daher bei der textlichen Konzeption eine ebenso intensive Vorbereitungszeit und Fingerspitzengefühl wie es beim Werbebrief klassischer Prägung der Fall ist.

Je persönlicher und individueller das E-Mailing konzipiert wird, desto erfolgreicher ist es.

Die Grundlage bilden dabei Überlegungen rund um die Zielgruppe:

- Wen soll das E-Mailing erreichen?
- Was soll Ihnen mitgeteilt werden?
- Welche Erwartungshaltung wird beim Empfänger aufgebaut?

Dramaturgischer Aufbau des E-Mailings

Der Aufbau des E-Mailings sollte benutzerfreundlich gestaltet sein - der Absendername, eine attraktive Betreffzeile und die persönliche Ansprache sind dabei genauso wichtig wie griffig formulierte Textblöcke und Informationen zur Kontaktaufnahme.

Dabei sind folgende Elemente von zentraler Bedeutung:

- Headline

Die Betreffzeile übernimmt die Funktion der Headline des E-Mailings. Aus dem klassischen Mailing ist Ihnen bekannt, dass die Betreffzeile einer der wichtigsten Mechanismen im Werbebrief ist. Der Blick des Lesers wird auf diese Zeile gelenkt, insbesondere dann, wenn sofort Vorteile für den Empfänger erkennbar sind.

Der Betreffzeile eines E-Mailings kommt eine noch größere Bedeutung zu. Denn sie ist der einzige Text, der beim Eintreffen eines E-Mailings lesbar ist. Der Text muss daher so attraktiv sein, dass der Leser die E-Mail sofort öffnet. Die Inhalte sollten griffig formuliert sein, neugierig auf die Botschaft machen und sich vor allem von den Betreffzeilen anderer beim Empfänger eingehender E-Mails abheben - ganz im Sinne einer aktionsbezogenen Kundenkommunikation und als Serviceangebot zur Kundengewinnung- und bindung.

Formulierungsbeispiele:

„Tiefstpreisangebote - um bis zu 30% reduziert"

„High-Tech-Innovationen für Arbeit und Freizeit"

„Heute schon wissen, was morgen passiert - mit dem xy-Newsletter"

„Bis zu 60% bei Ferngesprächen sparen"

„Sonderposten - knallhart kalkuliert"

„Die neue Dimension des Fernsehens"

„Neues Software-Update jetzt abholen"

„Kennen Sie schon die nächste Generation Ihres xy-Gerätes?"

„Tipps und Tricks zur Anwendung Ihres neuen xy-Gerätes"

- Textteil

Der Textteil, der sogenannte E-Mail-Body, startet mit einer persönlichen Anrede. Die Personalisierung ist ein sehr wichtiger Bestandteil dialogorientierter Kommunikation. Damit wird signalisiert: Das Unternehmen betreut seine Kunden individuell. Der Einstiegstext sollte somit auf die persönliche Lebenssituation oder die spezifischen Probleme und Interessen des Empfängers eingehen - genauso wie bei einem klassischen Werbebrief.

- Formulierungsbeispiele:

„Gehen Sei bei Ihrer Vermögensanlage keine Kompromisse mehr ein......"

„Jetzt, wo es draußen früher dunkel wird, gibt es kaum etwas Schöneres, als abends in die faszinierende Welt des Films einzutauchen. Doch wer wartet schon in kalten Winternächten in langen Kinoschlangen? Mit dem yx-Gerät ist das Vergangenheit."

Im Anschluss folgt der Informationsteil. Grundsätzlich gilt: In der Kürze liegt die Würze. Formulieren Sie prägnant. Wer eine E-Mail erhält, möchte schnell und präzise informiert werden. Schreiben Sie also noch kürzer und exakter als in einem klassischen Werbebrief. Im Idealfall sollte für Ihr E-Mailing eine Bildschirmseite ausreichen. Den Schluss des Textteils bilden eine Grußformel sowie der Name und die Funktion des Absenders. Obligatorisch sind außerdem: Name des Unternehmens, Postadresse sowie Telefon-und Faxnummer.

Tipp:

Bauen Sie Ihr E-Mailing nach folgendem Schema auf:

- Wichtige Informationen an den Anfang. Der Empfänger muss die Kernaussage Ihres E-Mailings sofort erkennen. Unterteilen Sie die Informationen in entsprechende Absätze.

- Angebote, günstige Konditionen und Vorteile Ihres Produktes oder Unternehmens sollten Sie optisch hervorheben. Dazu eignen sich sogenannte Bullit-Points, die sofort ins Auge fallen.

Formulierungsbeispiele:

- **Unsere Last-Minute- Artikel**
- **knallhart kalkuliert**
- **solange der Vorrat reicht**
- **alle Preise ab Werk**

Checkliste: Texten von E-Mailings

- Wurde darauf geachtet, dass die Zielgruppe die Botschaft versteht?
- Stimmen Zielgruppe und Botschaft überein?
- Wurde eine griffige Betreffzeile mit einem Nutzen formuliert, die den Leser neugierig auf die E-Mail macht?
- Ist der Argumentationsablauf im Text gewährleistet?
- Wurde daran gedacht, kurze Sätze zu formulieren (ideal: sieben Wörter) und den Text durch Absätze zu gliedern?
- Sind bei der Formulierung positiv besetzte Wörter genutzt worden (zum Beispiel „exklusiv", „profitieren", „günstig")?
- Wurde der Leser zum Reagieren aufgefordert?
- Werden ausführliche Informationen durch einen Link zu Ihrer Internetseite angeboten?
- Wurde in den Absenderangaben ein konkreter Ansprechpartner in Kombination mit dem Unternehmensnamen genannt?

Verzeichnis wichtiger Fachbegriffe

AIDA: Die Bezeichnung setzt sich aus den Anfangsbuchstaben der Begriffe Attention (Aufmerksamkeit), Interest (Interesse), Desire (Wunsch), und Action (Handlung) zusammen. Diese Ziele muss ein Mailing in konzeptioneller Hinsicht sowie im Hinblick auf die grafische Umsetzung erreichen.

Adressen: Ohne Adressen keine Direktwerbung. Entscheidend dabei ist die Qualität: Dazu gehört zum Beispiel die Aktualität sowie eine merkmalsorientierte Differenzierung des Adressenbestandes.

Antwortkarte: Postkarte, die eine schnelle Reaktion des Empfängers ermöglicht. Gleichzeitig gibt sie dem Absender die Möglichkeit, den Erfolg eines Mailings zu kontrollieren.

Briefing: Komplette Informationen an externe Dienstleistungsunternehmen (Agenturen, Werbegrafiker, Texter, Lettershops etc.) für die Erarbeitung einer Mailing-Aktion - von der Konzeption bis zur Postauslieferung.

Business-to-Business (B2B): Mailing-Aktionen, die sich an die Zielgruppe „Entscheider" in den Unternehmen richten.

Business-to-Consumer (B2C): Mailing-Aktionen, die sich an die Zielgruppe „Entscheider" in Privathaushalten richten.

Call-Center: Serviceorientierte Telefonzentrale als interner oder externer Dienstleister zur Bearbeitung von Kundenanfragen und/oder zur Abwicklung von Bestellungen sowie zur Durchführung von Nachfassaktionen im Anschluss an eine Mailing-Aktion.

Community: Der Begriff für virtuelle Gemeinschaft. Damit werden Internetnutzer bezeichnet, die sich vor dem Hintergrund bestimmter Themenfelder zu einer informellen Gemeinschaft zusammengeschlossen haben und gegenüber bestimmten Angeboten aufgeschlossen sind.

Cost-per-Order: Begriff, der die Kosten beschreibt, die zur Gewinnung eines Auftrags oder eines Kunden notwendig sind. Damit lässt sich der Erfolg bzw. das Kosten-Nutzen-Verhältnis einer Mailing-Aktion messen.

Customer Relationship Management (CRM): CRM ist eine IT-Lösung, die alle Informationen über die Beziehungen von Kunden zu Unternehmen nutzt, mit dem Ziel, Kundenbedürfnisse besser zu identifizieren und damit die Kundenbindung langfristig zu verbessern. Der Einsatz von CRM-Lösungen ist in der Regel mit erheblichen Investitionen verbunden, so dass sich dieses Instrumentarium im Grunde nur für große Unternehmen rechnet.

Direkt-Marketing: Sammelbegriff für alle Marketingaktivitäten, bei denen Medien und Kommunikationstechniken - Telefon, Werbebriefe, Radio, TV, Internet, Coupon-Anzeigen - eingesetzt werden, mit dem Ziel, eine individuelle, meßbare Reaktion bei den Zielpersonen zu erreichen.

Dubletten: Adressen, die in Datenbeständen mehrfach vorkommen.

Flyer: Kleine Prospekte mit geringem Versandgewicht, die als Beilage zu Mailings eingesetzt werden.

Follow-up: Bezeichnung für Maßnahmen, die den Versand von angeforderten zusätzlichen Werbemitteln, den Warenversand sowie Nachfassaktionen (zum Beispiel Telefonate) im Anschluss an Mailing-Kampagnen umfassen.

Give-aways: Teil des Repertoires von möglichen Angebotsverstärkern. Hierbei handelt es um Zugaben unterhalb eines bestimmten Warenwertes, die als Anreiz zur Bestellung von Waren oder zur Anforderung von Katalogen dem Mailing beiliegen - erhöht in der Regel die Rücklaufquote. Beim Einsatz von Zugaben sind die gesetzlichen Rahmenbedingungen (Zugabeverordnung) zu beachten. Es ist auf jedem Fall empfehlenswert, sich vor jeder Aktion rechtlich abzusichern.

Kalte Adressen: Adressen von Interessenten, mit denen das werbende Unternehmen bisher noch keine Geschäftsbeziehungen unterhält. Dabei wird angenommen, dass diese Adressengruppen sich für ein bestimmtes Angebot interessieren könnten. Es liegt in der Natur der Sache, dass bei diesen Adressen die Rücklaufquote in der Regel deutlich geringer ausfällt, als wenn zum Beispiel Adressen von Stammkunden genutzt werden.

Konfektionierung: Begriff für alle Tätigkeiten, die notwendig sind, um ein Mailing nach dem Druck versandfertig zu machen. In der Regel erledigen derartige Aufgaben spezielle Dienstleister, sogenannte Lettershops.

Personalisierung: Die persönliche Ansprache des Empfängers von Werbebriefen mit Namen, Anrede und anderen persönlichen Daten. Durch die Personalisierung verschafft man dem Angebot einen höheren Aufmerksamkeitswert, insbesondere wenn die persönliche Ansprache auch im weiteren Brieftext durchgehalten wird.

Response: Als Response bezeichnet man die Antworten auf ein Mailing. Die unmittelbare und direkte Erfolgskontrolle - direkter Kauf, Anforderung von Informationsmaterial oder Bitte um ein Gespräch mit einem Außendienstmitarbeiter - ist ein entscheidender Vorteil gegenüber der klassischen Werbung. Als Responsequote bezeichnet man die Anzahl der Antworten, bezogen auf die Gesamtmenge der verschickten Werbebriefe.

Teaser: Bezeichnung für ein aufmerksamkeitsstarkes Werbeelement, zum Beispiel auf der Versandhülle eines Mailings. Dadurch soll der Empfänger animiert werden, den Briefumschlag zu öffnen.

Testimonials: Begriff für entsprechende Aussagen von Kunden, die sich positiv über ein erworbenes Produkt oder ein Unternehmen äußern. Diese Kundenurteile können auszugsweise in den Text eines Werbebriefs eingebaut werden und haben als sogenannte Angebotsverstärker die Aufgabe, bei mehr Interessenten in kürzerer Zeit die gewünschte Reaktion auf Mailings auszulösen: Rückläufe, d.h. Anfragen, Bestellungen zur Ansicht, Käufe etc.

Viral-Marketing: Begriff für eine Methode aus dem Bereich des Online-Marketings. Dabei werden Kunden zu Produktbotschaftern, indem sie Produkte und/oder Dienstleistungen anderen Interessenten per E-Mail weiterempfehlen.

Zum Autor

Thomas Johne war von 1984 bis 1995 bei der Frankfurter Allgemeine Zeitung GmbH in verschiedenen Funktionen in den Bereichen Neue Medien und Marketing tätig, danach als Marketing-und PR-Berater.

Seit 1997 ist er geschäftsführender Gesellschafter der KOM,MA Mediengesellschaft sowie Inhaber der Firma WinPOWER Die MarketingBeratung.

Tätigkeitsfelder:

Der Schwerpunkt seiner Tätigkeit liegt in der Marketing- und Kommunikationsberatung von Unternehmensgründern sowie kleinen und mittleren Unternehmen. Er ist Mitglied im Beraterpool des RKW - Rationalisierungs- und Innovationszentrum der Deutschen Wirtschaft - und der Gründerinitiative BEST EXCELLENCE Rhein-Main des F.A.Z. - Instituts.

Veröffentlichungen:

Neben zahlreichen Artikeln hat Thomas Johne die Fachbücher „Der Videofilm im Unternehmen" (F.A.Z. - Verlagsbereich Buch), „Das Firmenjubiläum als Kommunikationsinstrument" (F.A.Z. - Institut), „Marketing - So funktioniert´s" (KfW-Bankengruppe) sowie „Öffentlichkeitsarbeit auch für kleine und mittlere Unternehmen" und „Der Newsletter als Kundenbindungsinstrument" (beide RKW-Verlag) veröffentlicht. Er ist Herausgeber des Fachbuchs „MarketingPraxis", (F.A.Z. - Institut) , das sich an Unternehmensgründer und angehende Marketing-Profis wendet.

Printed by Libri Plureos GmbH
in Hamburg, Germany